Markus Beham, Melanie Fink
VÖLKERRECHTSPRECHUNG KOMPAKT

Fallsammlung

Markus Beham, Melanie Fink

Völkerrechtsprechung kompakt

Fallsammlung

facultas

Die Autoren

Markus Beham ist Habilitand an der Universität Passau, Deutschland.

Melanie Fink ist Postdoctoral Researcher an der Universität Leiden, Niederlande.

Bibliografische Information Der Deutschen Nationalbibliothek

Die Deutsche Nationalbibliothek verzeichnet diese Publikation in der Deutschen Nationalbibliografie; detaillierte bibliografische Daten sind im Internet über http://dnb.d-nb.de abrufbar.

Satz: derAuer, 1050 Wien
Druck: Finidr s.r.o., Český Těšín
Illustrationen: SG-design/Adobe Stock, Martial Red/Shutterstock
ISBN 978-3-7089-1922-5

Vorwort

Die Idee für eine Sammlung relevanter Völkerrechtsprechung begleitet uns bereits seit geraumer Zeit. Die Umsetzung ist aber dem Nachdruck von Reinhard „Orakel" Theuerkauf zu verdanken. Wir hoffen, das von ihm erkannte Desiderat einer kompakten Zusammenstellung schließen zu können. Ihm möchten wir dieses Buch auch widmen.

Die Auswahl der Kernfälle – der „must-knows" – beruht auf den Schwerpunkten in der Prüfungsvorbereitung und entspringt in der Aufbereitung den Vorarbeiten in unserem Lehrbuch *Völkerrecht verstehen*, das wir gemeinsam mit Ralph Janik verfasst haben. Darüber hinaus haben wir sämtliche Fälle, auf die in unserem Lehrbuch Bezug genommen wird, in aller Kürze mit Blick auf die relevanten Anhaltspunkte wiedergegeben und thematisch sortiert, um eine rasche Wiederholung zu ermöglichen.

„Rechtsprechung" soll dabei im weitesten Sinn verstanden werden, sodass wir uns auch erlaubt haben, Fälle, die in der Sache nicht entschieden wurden, oder Zwischenfälle, bei denen es lediglich zu diplomatischem Notenaustausch kam, aufzunehmen.

Aufgrund der Realität internationaler Beziehungen lassen die juristischen Ausführungen oft keine Rückschlüsse auf den faktischen Verlauf der Ereignisse zu. So weilen auch die Brüder LaGrand nicht mehr unter uns, obwohl der IGH in den Todesurteilen Völkerrechtsverletzungen sah. Um die wiederkehrende Frage nach dem Verbleib dieser und anderer Protagonisten zu beantworten, haben wir uns Mühe gegeben, auch die faktischen Hintergründe und Entwicklungen in aller Kürze nachzuzeichnen.

Das Augenmerk dieser Zusammenstellung liegt mehr auf einer didaktischen Aufbereitung als auf einer vollständigen Wiedergabe. Vorschläge, weitere Aspekte eines Falls zu beleuchten oder neue Fälle aufzunehmen, können gerne an voelkerrechtverstehen@facultas.at gerichtet werden. An dieser Stelle dürfen wir uns bereits bei den zahlreichen Studierenden bedanken, die uns Feedback zu ersten Rohfassungen dieser Sammlung gegeben haben.

Die Fälle finden sich in chronologischer Ordnung. Fallverzeichnisse sollen die Orientierung aufgrund oftmals unterschiedlicher Fallnamen in der deutschsprachigen Literatur sowie das Auffinden von Fällen nach einzelnen Themengebieten erleichtern. Übersetzungen von Originalpassagen der Entscheidungen entstammen unserer eigenen Feder, konnten aber teils bereits aus unserem Lehrbuch *Völkerrecht verstehen* übernommen werden. Übersetzungen von Verträgen und anderen Dokumenten haben wir, wo verfügbar, den amtlichen, aber meist nicht authentischen Fassungen entnommen, im Zweifel der österreichischen.

Ein ganz besonderer Dank gilt Hans-Georg Dederer für Anregungen und Kommentare zu dieser Sammlung. Nicola Antretter hat sich bei der Durchsicht der Fahnen verdient gemacht. Auf Verlagsseite dürfen wir uns wie stets bei Peter Wittmann bedanken, für das Layout bei Marion Bräuer und Gerhard Egger.

Die Autoren, Leiden/Passau/Wien

Inhalt

Leserguide

 Notenaustausch

 Ständiger Internationaler Gerichtshof (StIGH)

 Internationaler Gerichtshof (IGH)

 Andere internationale Tribunale

 Europäischer Gerichtshof für Menschenrechte (EGMR)

 Gerichtshof der Europäischen Union (EuGH)

 Nationale Gerichte

 WTO-Streitbeilegung

 Inter-Amerikanischer Gerichtshof für Menschenrechte

 Internationaler Strafgerichtshof (ICC)

 Jugoslawientribunal (ICTY)

 Ruandatribunal (ICTR)

Abkürzungsverzeichnis

ARIO	Artikel über die Verantwortlichkeit Internationaler Organisationen für völkerrechtswidrige Handlungen (Articles on the Responsibility of International Organisations for Internationally Wrongful Act)
ASR	Artikel über die Verantwortlichkeit der Staaten für völkerrechtswidrige Handlungen (Articles on the Responsibility of States for Internationally Wrongful Acts)
BIT	Bilaterales Investitionsschutzabkommen (Bilateral Investment Treaty)
CCPR	*siehe* ICCPR
EGMR	Europäischer Gerichtshof für Menschenrechte
EMRK	Europäische Menschenrechtskonvention
EU	Europäische Union
EuGH	Gerichtshof der Europäischen Union
GATT	Allgemeines Zoll- und Handelsabkommen (General Agreement on Tariffs and Trade)
ICCPR	Internationaler Pakt über bürgerliche und politische Rechte (International Covenant on Civil and Political Rights)
ICTR	Internationales Straftribunal für Ruanda/Ruandatribunal (International Criminal Tribunal for Rwanda)
ICTY	Internationales Straftribunal für das ehemalige Jugoslawien/Jugoslawientribunal (International Criminal Tribunal for the former Yugoslavia)
IGH	Internationaler Gerichtshof
ILC	Völkerrechtskommission (International Law Commission)
MNF	Multi-National Force (Irak)
NGO	Nichtregierungsorganisation (non-governmental organization)
OGH	Oberster Gerichtshof (Österreich)
StIGH	Ständiger Internationaler Gerichtshof
UN	Vereinte Nationen (United Nations)
WDK	Wiener Diplomatenrechtskonvention/Wiener Übereinkommen über diplomatische Beziehungen
WKK	Wiener Konsularrechtskonvention/Wiener Übereinkommen über konsularische Beziehungen
WVK	Wiener Vertragsrechtskonvention/Wiener Übereinkommen über das Recht der Verträge

Fallverzeichnis (alphabetisch)

Fallverzeichnis (thematisch)

Kernfälle

Notenaustausch

Caroline-Zwischenfall (1837)

Notenaustausch zwischen Lord Ashburton (Vereinigtes Königreich) und Daniel Webster (USA)

1

SELBSTVERTEIDIGUNG – CAROLINE-TEST/WEBSTER-FORMEL

Sachverhalt: Die Caroline war ein US-amerikanisches Dampfschiff, mit dem der Aufstand gegen die britische Kolonialherrschaft in Kanada unterstützt wurde. Ein Stoßtrupp der britischen Marine ruderte zu dem am amerikanischen Ufer des Niagara Flusses gelegenen Dampfschiff. Bei einem Schusswechsel wurde ein Amerikaner getötet. Anschließend wurde die Caroline in Brand gesetzt und trieb in einem spektakulären Ende die Niagarafälle hinab (wie auch 1990 der Magier David Copperfield, dieser allerdings unverletzt). Das Vereinigte Königreich berief sich im anschließenden Notenwechsel mit dem damaligen amerikanischen Außenminister Daniel Webster auf das Selbstverteidigungsrecht.

> **Caroline – Alabama – Wimbledon – Lotus – I'm Alone – Rainbow Warrior**
> Fälle mit besonders bunten Namen weisen meist auf Schiffsnamen hin, die im Sachverhalt eine Rolle spielen.

Rechtsfrage: War die Zerstörung der Caroline als Selbstverteidigung gerechtfertigt?

Ergebnis: Webster forderte die britische Regierung auf, „eine Notwendigkeit zur Selbstverteidigung vorzuweisen". Diese müsse „unmittelbar [und] überwältigend" sein und dürfe „keine Auswahl der Mittel und keinen Moment zur Überlegung erlauben" („to show a necessity of self-defence, instant, overwhelming, leaving no choice of means, and no moment for deliberation"): die sogenannte Webster-Formel oder auch Caroline-Test. Während zwischen Webster und Ashburton Uneinigkeit hinsichtlich der Notwendigkeit zur Selbstverteidigung bestand, entschuldigte sich Ashburton für das Eindringen in US-amerikanisches Staatsgebiet. Heute spielt die Webster-Formel insbesondere für die Abgrenzung zwischen präemptiver und präventiver Selbstverteidigung eine Rolle. Ein interessantes Detail an diesem Zwischenfall ist, dass die Unterstützung des Aufstands gegen die britische Kolonialherrschaft von Privaten – also nicht von einem Staat – ausging, worin dem Notenwechsel zufolge aber weder Ashburton noch Webster ein Problem sahen.

Ständiger Internationaler Gerichtshof

Lotus-Fall (1927)

S.S. „*Lotus*" (Frankreich/Türkei), Entscheidung vom 7. September 1927

2

SOUVERÄNITÄT – *LOTUS*-PRINZIP – INTERPRETATIONSMAXIME

Sachverhalt: 1926 kam es zu einem Zusammenstoß zwischen dem französischen Schiff „Lotus" und dem türkischen Schiff „Boz-Kourt" auf Hoher See. Dabei kamen acht türkische

Seeleute ums Leben. Nachdem die „Lotus" in Istanbul eingelaufen war, ersuchte die Türkei den verantwortlichen französischen Offizier, Leutnant Demons, eine Zeugenaussage zum Vorfall abzugeben. Bei dieser Gelegenheit wurde er allerdings auch gleich verhaftet. Die Türkei übte die Strafgerichtsbarkeit über Demons aus und verurteilte ihn wegen Totschlags zu einer Haftstrafe von 80 Tagen und einer Geldstrafe von 20 Pfund. Frankreich nahm daraufhin das diplomatische Schutzrecht wahr und brachte Klage gegen die Türkei vor dem Ständigen Internationalen Gerichtshof ein. Dabei berief es sich auf das Prinzip des Flaggenstaats, wonach dem Staat, dessen Flagge ein Schiff führt, ausschließliche Gerichtsbarkeit zukomme.

Rechtsfrage: War es der Türkei völkerrechtlich erlaubt, Gerichtsbarkeit über den französischen Staatsangehörigen auszuüben?

Ergebnis: Der StIGH kam zum Schluss, dass die Türkei in Abwesenheit einer völkerrechtlichen Verbotsnorm die Strafgerichtsbarkeit ausüben durfte. Anstelle einer (positiven) Kompetenznorm für die Ausübung der Gerichtsbarkeit zu suchen, wurde auf das Fehlen einer (negativen) Verbotsnorm abgestellt. Eine Einschränkung staatlicher Souveränität darf daher nur dann angenommen werden, wenn eine entsprechende Bestimmung in Kraft steht. Dieses sogenannte *Lotus*-Prinzip gilt heute als Interpretationsmaxime des Völkerrechts. Es besagt salopp formuliert, dass alles, was im Völkerrecht nicht verboten ist, erlaubt sein muss (letztlich ein *argumentum e contrario*). Heute sieht Artikel 96 Seerechtsübereinkommen grundsätzlich die ausschließliche Gerichtsbarkeit des Flaggenstaats vor.

> **S. 18–19:** Einschränkungen der Unabhängigkeit eines Staats dürfen [...] nicht angenommen werden. [...] [A]lles, was von einem Staat verlangt werden kann [ist], dass er nicht die Grenzen überschreitet, die das Völkerrecht seiner Hoheitsgewalt auferlegt hat; innerhalb dieser Grenzen liegt die Berechtigung, seine Hoheitsgewalt auszuüben, in seiner Souveränität begründet.

Herr Bozkurt

Auf türkischer Seite trat Justizminister Mahmut Esat Bey als Parteienvertreter auf. Als die Türkei 1934 die Verwendung von Nachnamen einführte, wählte er seinen Namen in Reminiszenz an seinen großen Erfolg vor dem StIGH und hieß von da an Mahmut Esat Bozkurt.

Chorzów-Fall (1927/1928)

Chorzów Fabrik (Deutschland/Polen), Zuständigkeitsentscheidung vom 26. Juni 1927, Entscheidung in der Sache vom 13. September 1928

3

STAATENVERANTWORTLICHKEIT – VERPFLICHTUNG ZUR WIEDERGUTMACHUNG ALS ALLGEMEINER RECHTSGRUNDSATZ

Sachverhalt: Die „Chorzów-Fabrik" war ein Stickstoffwerk in Oberschlesien im Eigentum eines bayerischen Unternehmens. Im Jahr 1920 wurde per Gesetz die Enteignung sämtlichen deutschen Eigentums in den an Polen abgetretenen Gebieten vorgesehen. Allerdings wurde 1922 ein völkerrechtlicher Vertrag mit Deutschland geschlossen, der eine Ausnahme für Privateigentum vorsah. Nachdem das Stickstoffwerk dennoch enteignet wurde, übte Deutschland das diplomatische Schutzrecht aus.

Rechtsfrage: Besteht ein Anspruch auf Entschädigung für die Enteignung des Stickstoffwerks?

Ergebnis: Der StIGH entschied zunächst, dass diese Enteignung gegen den deutsch-polnischen Vertrag verstieß. Damit lag eine Völkerrechtsverletzung vor. Der StIGH hielt fest, dass jedes völkerrechtliche Unrecht die Pflicht zur vollen Wiedergutmachung („reparation") auslöst. Wenngleich der StIGH dies nicht explizit ausgesprochen hat, wird angenommen, dass er diese Pflicht als allgemeinen Rechtsgrundsatz im Sinne von Artikel 38(1)(c) StIGH-Statut verstand.

> **Zuständigkeitsentscheidung 1927**
> **S. 21:** [...] Es ist ein Grundprinzip des Völkerrechts, dass jede Verletzung einer Norm die Pflicht zur angemessenen Wiedergutmachung als Folge hat. Wiedergutmachung ist das notwendige Gegenstück der unterlassenen Erfüllung eines Vertrags, ohne dass es erforderlich wäre, dass dies im Vertrag selbst festgelegt ist. [...]

Ziel der Wiedergutmachung ist die Wiederherstellung der Situation, wie sie bestanden hätte, wäre die Verletzung gar nicht erst begangen worden (*restitutio in integrum*, „Wiedereinsetzung in den unverletzten Zustand"). Die Wiedergutmachungspflicht hat daher eine kompensatorische, also wiedergutmachende Funktion.

> **Entscheidung in der Sache 1928**
> **S. 47:** [...] Der wesentliche Grundsatz, der sich aus dem Gedanken der unerlaubten Handlung selbst ableitet [...] ist, dass Wiedergutmachung, soweit wie möglich, alle Folgen der unerlaubten Handlung beseitigen und den Zustand wiederherstellen soll, der aller Wahrscheinlichkeit nach bestanden hätte, wäre die Handlung nicht begangen worden. [...]

Ostgrönland-Fall (1933)

Rechtlicher Status von Ostgrönland (Dänemark/Norwegen), Entscheidung vom 5. April 1933

EINSEITIGE RECHTSGESCHÄFTE – AUSSENMINISTER – „IHLEN-DEKLARATION"

Sachverhalt: 1919 hatte der norwegische Außenminister Nils Ihlen seinem dänischen Amtskollegen zugesichert, nicht in dänische Ansprüche auf Grönland einzugreifen (die nach ihm benannte „Ihlen-Deklaration"). Anschließend vertrat Norwegen allerdings, dass es sich bei Ostgrönland um *terra nullius* handle. 1931 erklärte Norwegen schließlich die Besetzung gewisser Gebiete Ostgrönlands. Um festzustellen, ob dieses Vorgehen Norwegens völkerrechtswidrig war, stellte sich unter anderem die Frage, ob die Zusage des norwegischen Außenministers an seinen dänischen Amtskollegen völkerrechtlich verbindlich war.

> **Ihlen-Deklaration**
> Ich sagte dem dänischen Minister heute, dass die norwegische Regierung keine Schwierigkeiten in der Frage [politischer und wirtschaftlicher Interessen hinsichtlich ganz Grönlands] bereiten würde.

Rechtsfrage: Ist das Versprechen eines Außenministers an den Außenminister eines anderen Staats völkerrechtlich verbindlich?

Ergebnis: Der StIGH hielt es für unbestritten, dass eine Erklärung des Außenministers im Namen seiner Regierung für einen Staat verbindlich ist, insbesondere soweit eine solche ihrer Natur nach „bedingungslos und endgültig" ist. Der italienische Richter, Dionisio Anzilotti, widmete sich in seiner abweichenden Meinung noch der Frage der Kompetenz eines Außenministers zur Abgabe einer solchen Erklärung, die er aus völkerrechtlicher Sicht klar bejahte. Auf die Frage der innerstaatlichen Kompetenz zur Abgabe einer solchen Erklärung kann es hingegen nicht ankommen.

Internationaler Gerichtshof

Korfu-Kanal-Fall (1949)

Straße von Korfu (Vereinigtes Königreich/Albanien), Entscheidung vom 9. April 1949

STAATENVERANTWORTLICHKEIT – UNTERLASSUNG – WIEDERGUTMACHUNG – MEERENGEN – TERRITORIALGEWÄSSER– INDIREKTE BEWEISE

Sachverhalt: Zwischen dem Vereinigten Königreich und Albanien bestand Uneinigkeit darüber, ob Durchfahrt durch die zwischen der griechischen Insel Korfu und dem albanischen Festland entlanglaufende Straße von Korfu ohne vorherige Zustimmung Albaniens erlaubt ist. Vor diesem Hintergrund entsandte das Vereinigte Königreich mehrere Schiffe, die den Kanal passieren sollten. Diese liefen in albanischen Territorialgewässern auf Minen und wurden dadurch zerstört, wobei Mitglieder der Besatzung ums Leben kamen und erheblicher Sachschaden entstand. Daraufhin nahm das Vereinigte Königreich trotz expliziten Einspruchs Albaniens eine Minenräumungsaktion in der Straße von Korfu vor.

Rechtsfrage: (1) Ist Albanien für die Minenexplosion verantwortlich, sodass es für die daraus entstandenen Schäden Wiedergutmachung zu leisten hat? (2) Verletzte das Vereinigte Königreich durch die Durchfahrt und Minenräumung die Souveränität Albaniens? (3) Sind „indirekte Beweise" vor dem IGH zulässig?

Ergebnis: (1) Es konnte nicht festgestellt werden, ob Albanien die Minen selbst gelegt hatte. Der IGH sah jedoch als bewiesen an, dass Albanien von den Minen wusste. Aus diesem Grund war Albanien verpflichtet, das Vereinigte Königreich über die davon ausgehende Gefahr in Kenntnis zu setzen. Für die Unterlassung dieser Warnung war Albanien völkerrechtlich verantwortlich und zur Wiedergutmachung verpflichtet.

> **Erfolgs- oder Verhaltenspflicht?**
>
> Das Völkerrecht sieht, wie auch andere Rechtsordnungen, sowohl Erfolgs- als auch Verhaltenspflichten vor. Letztere gelten lediglich dann als verletzt, wenn der geforderte Sorgfaltsmaßstab (oft mit „due diligence" umschrieben) nicht eingehalten wird. Insbesondere Handlungsgebote sind oft als Verhaltenspflichten konzipiert. Demnach führen Unterlassungen regelmäßig nur dann zu Verantwortlichkeit, wenn der Staat die gebotene Sorgfalt nicht eingehalten hat. Weil Albaniens Wissen um die Minen als bewiesen galt, ging es im *Korfu-Kanal*-Fall jedoch um die Frage, welche Verpflichtungen ein Staat hat, der von einer Gefahrensituation weiß. Im konkreten Fall hätte Albanien das Vereinigte Königreich warnen müssen (Erfolgspflicht), weshalb sich die Frage nach einem Sorgfaltsmaßstab (Verhaltenspflicht) nicht stellte.

> **S. 22:** [...] Die den albanischen Behörden obliegenden Verpflichtungen bestanden darin, im Interesse der Schifffahrt insgesamt, das Bestehen eines Minenfelds in albanischen Territorialgewässern zu melden und die herannahenden britischen Kriegsschiffe vor der unmittelbar bevorstehenden vom Minenfeld ausgehenden Gefahr zu warnen. Derartige Verpflichtungen beruhen auf gewissen allgemeinen und anerkannten Prinzipien, und zwar: grundlegende Erwägungen der Menschlichkeit, die in Friedenszeiten noch höhere Anforderungen stellen als in Kriegszeiten; das Prinzip der Freiheit der maritimen Kommunikation; und die Verpflichtung eines jeden Staats, nicht wissentlich eine den Rechten anderer Staaten zuwiderlaufende Verwendung seines Gebiet zuzulassen.
>
> Tatsächlich hat Albanien weder das Bestehen des Minenfelds bekannt gemacht, noch die britischen Kriegsschiffe hinsichtlich der Gefahr, der sie sich näherten, gewarnt. [...]

(2) Die Straße von Korfu ist eine Meerenge, auf die das internationale Seerecht anwendbar und friedliche Durchfahrt daher erlaubt ist. Während die Durchfahrt des Vereinigten Königreichs Völkerrecht nicht verletzte, war eine Minenräumung in albanischen Territorialgewässern ohne Einverständnis Albaniens völkerrechtswidrig. Allerdings befand der Gerichtshof, dass die gerichtliche Feststellung der Verantwortlichkeit des Vereinigten Königreichs ausreichende Genugtuung darstellt.

(3) Da kein direkter Beweis zum Wissen Albaniens von den Minen gebracht werden konnte, stellte sich die Frage, ob auch ein „indirekter Beweis" (auch „Indizienbeweis") zulässig ist. Der IGH bejahte diese Frage, insbesondere im Hinblick auf die ausschließliche Kontrolle eines Staats über sein Territorium und die daraus resultierende Schwierigkeit, direkte Beweise zu erbringen. So leitete er Albaniens Wissen von den Minen aus den Umständen ab, dass der in Frage stehende Teil der Straße von Korfu durch Albanien streng überwacht wurde und die Minenlegung von der albanischen Küste aus gesehen werden konnte.

> **S. 18:** [...] Die Tatsache, dass ein Staat ausschließliche Kontrolle innerhalb seiner Grenzen ausübt, wirkt sich auf die Art der Beweise aus, die verfügbar sind, um das Wissen dieses Staats über solche Situationen nachzuweisen. Aufgrund dieser ausschließlichen Kontrolle kann ein anderer Staat, der Opfer einer Völkerrechtsverletzung ist, oft keine direkten Beweise über verantwortlichkeitsbegründende Tatsachen erbringen. Solchen Staaten sollte daher großzügigerer Rückgriff auf Tatsachen- und Indizienbeweise erlaubt werden. Der indirekte Beweis ist in allen Rechtssystemen erlaubt und seine Anwendung ist in internationalen Entscheidungen anerkannt. Besonderer Stellenwert kommt solchen Beweisen dann zu, wenn sie auf einer Reihe miteinander verknüpfter Tatsachen beruhen, die logisch zu einer einzigen Schlussfolgerung führen.

Bernadotte-Gutachten (1949)

Wiedergutmachung für im Dienste der Vereinten Nationen erlittene Schäden,
Rechtsgutachten vom 11. April 1949

6

RECHTSPERSÖNLICHKEIT DER VEREINTEN NATIONEN – „IMPLIED POWERS" – INTERNATIONALE ORGANISATIONEN UND DRITTSTAATEN – „FUNKTIONALER SCHUTZ" – WIEDERGUTMACHUNG

Sachverhalt: Der von den Vereinten Nationen im arabisch-israelischen Konflikt eingesetzte Vermittler Folke Bernadotte, Graf von Wisborg, fiel am 17. September 1948 einem Attentat der radikalen zionistischen Lechi-Organisation (nach ihrem Gründer Avraham Stern auch „Stern

Gang" genannt) zum Opfer. Er wurde zusammen mit einem Begleiter, dem von den Vereinten Nationen entsandten französischen Militärbeobachter André Serot, erschossen. Es stellte sich die Frage, ob die Vereinten Nationen gegen Israel als möglicherweise völkerrechtlich verantwortlichen Staat vorgehen können, wenn einer ihrer Mitarbeiter im Rahmen seiner Tätigkeit für die Organisation zu Schaden kommt. Ein solches Vorgehen wäre auf völkerrechtlicher Ebene lediglich dann möglich, wenn die Vereinten Nationen Völkerrechtspersönlichkeit besäßen, die auch gegenüber Drittstaaten gilt, zumal Israel, gegen das die Vereinten Nationen Ansprüche geltend machen wollten, zu diesem Zeitpunkt noch nicht Mitglied der Internationalen Organisation war.

Rechtsfrage: (1) Besitzen die Vereinten Nationen Völkerrechtspersönlichkeit? **(2)** Gilt die Völkerrechtspersönlichkeit einer Internationalen Organisation auch gegenüber Drittstaaten? **(3)** Können Internationale Organisationen „diplomatischen Schutz" ausüben?

Ergebnis: (1) Der IGH stellte fest, dass die Vereinten Nationen aufgrund der ihnen übertragenen und für die Erreichung ihrer Ziele notwendigen Rechte und Pflichten ein Völkerrechtssubjekt sein müssen.

> **S. 179:** Nach Ansicht des Gerichtshofs [haben] die [Vereinten Nationen] Aufgaben und Rechte, die nur auf Grundlage des Vorliegens weitreichender Völkerrechtspersönlichkeit und der Fähigkeit auf internationaler Ebene zu handeln, erklärt werden können. Sie sind gegenwärtig die am weitesten fortgeschrittene Form Internationaler Organisation und sie könnten ohne Völkerrechtssubjektivität den Absichten ihrer Gründerväter nicht nachkommen. Es muss anerkannt werden, dass ihre Mitglieder durch das Anvertrauen gewisser Funktionen, mit den zugehörigen Pflichten und Verantwortungen, sie mit der Fähigkeit ausgestattet haben, die notwendig ist um die effektive Umsetzung dieser Funktionen zu gewährleisten.
>
> Daher ist der Gerichtshof zu dem Schluss gelangt, dass die [Vereinten Nationen] ein Völkerrechtssubjekt [„international person"] sind. Damit ist nicht gesagt, dass sie einen Staat darstellen, was sie gewiss nicht sind, oder dass ihre Rechtspersönlichkeit und ihre Rechte und Pflichten dieselben sind wie die eines Staats. Noch weniger ist damit gesagt, dass sie ein „Super-Staat" [„super-state"] sind, was auch immer dieser Ausdruck bedeuten mag. [...] Es bedeutet, dass sie ein Subjekt des Völkerrechts sind und Träger völkerrechtlicher Rechte und Pflichten sein können, und dass sie die Fähigkeit haben, ihre Rechte durchzusetzen, indem sie internationale Ansprüche geltend machen. [...]

(2) Der IGH äußerte sich auch zum Bestehen der Völkerrechtssubjektivität Internationaler Organisationen im Verhältnis zu Drittstaaten. Dabei hielt er explizit fest, dass die Völkerrechtspersönlichkeit der Vereinten Nationen aufgrund der vom IGH als repräsentativ empfundenen Mitgliederzahl „objektiv" und somit gegenüber allen Staaten besteht. Aus diesem Grund können die Vereinten Nationen auch gegenüber Nicht-Mitgliedern ihre Recht und Pflichten geltend machen, etwa Wiedergutmachung eines Schadens einfordern.

> **S. 185:** [D]ie Frage ist, ob die Organisation die Fähigkeit hat, einen Staat auf Wiedergutmachung des Schadens zu klagen oder, im Gegenteil, ob der Staat als Nicht-Mitglied gerechtfertigterweise den Einwand vorbringen kann, dass es der Organisation an der Berechtigung fehlt, eine völkerrechtliche Klage einzubringen. In dieser Sache ist das Gericht der Ansicht, dass fünfzig Staaten, welche die überwältigende Mehrheit der Mitglieder der internationalen Gemeinschaft repräsentieren, die Macht hatten, in Übereinstimmung mit dem Völkerrecht eine juristische Person mit objektiver – nicht nur ausschließlich von ihnen anerkannter

> – internationaler Persönlichkeit [„objective international personality"] zu schaffen, die auch die Fähigkeit hat, völkerrechtliche Ansprüche geltend zu machen.

(3) Der IGH hielt fest, dass die Vereinten Nationen Wiedergutmachung fordern können, obwohl eine derartige Befugnis nicht explizit in der UN-Charta genannt wird. Analog zum diplomatischen Schutzrecht können auch die Vereinten Nationen als „implied powers" sogenannten „funktionalen Schutz" für ihre Mitarbeiter ausüben. Israel leistete Schadenersatz und entschuldigte sich beim Generalsekretär der Vereinten Nationen für den Vorfall.

> **Diplomatischer oder funktionaler Schutz?**
> Folke Bernadotte war Schwede, André Serot Franzose. Beide Staaten hätten das diplomatische Schutzrecht hinsichtlich ihrer Staatsangehörigen ausüben können. Übt eine Internationale Organisation analog dazu ihr Schutzrecht aus, spricht man von „funktionalem Schutz". Dabei kommt keinem der beiden Vorrang in der Reihenfolge ihrer Ausübung zu.

> **S. 182:** Die UN-Charta überträgt den [Vereinten Nationen] nicht ausdrücklich die Fähigkeit, in ihrer Klage auf Wiedergutmachung Schäden zu inkludieren, die dem Opfer [oder seinen Hinterbliebenen] zugefügt wurden. Daher muss der Gerichtshof mit der Feststellung beginnen, ob die Bestimmungen der UN-Charta zu den Funktionen [der Vereinten Nationen] und die Rolle ihrer Vertreter [„agents"] bei der Ausübung dieser Funktionen, die Befugnis [„power"] implizieren *mit enthalten*, ihren Bediensteten den beschränkten Schutz zukommen zu lassen, der in der Geltendmachung eines aus dem erlittenen Schaden erwachsenden Anspruchs in deren Namen bestehen würde. Im Völkerrecht muss angenommen werden, dass [die Vereinten Nationen] all jene Befugnisse haben, die, obwohl sie nicht ausdrücklich in der Charta vorgesehen sind, ihnen notwendigerweise implizit übertragen wurden, damit sie ihre Pflichten erfüllen können. […]

> **S. 184:** Auf Grundlage einer Untersuchung der Natur der [den Vereinten Nationen] übertragenen Funktionen und der Art und Weise der Missionen ihrer Vertreter wird klar, dass die Fähigkeit [der Vereinten Nationen], eine Maßnahme zum funktionellen Schutz ihrer Vertreter zu ergreifen, sich notwendigerweise aus der UN-Charta ergibt.

Asyl-Fall (1950)/Haya de la Torre-Fall (1951)

Asyl (Kolumbien/Peru), Entscheidung vom 20. November 1950/*Haya de la Torre* (Kolumbien/Peru), Entscheidung vom 13. Juni 1951

(REGIONALES) VÖLKERGEWOHNHEITSRECHT – DIPLOMATISCHES ASYL – AUSLIEFERUNG

Sachverhalt: Der peruanische Linkspolitiker Victor Raul Haya de la Torre tauchte nach einem erfolglosen Staatsstreich 1948 zunächst unter und flüchtete Anfang des Jahres 1949 in die kolumbianische Botschaft in Lima, die Hauptstadt Perus. Da ihm Peru die Anstiftung eines militärischen Aufstandes vorwarf, ersuchte er Kolumbien um Asyl. Aus Sicht Perus stellte die Gewährung diplomatischen Asyls (auch „Botschaftsasyl"), bei dem Asyl nicht auf dem Gebiet, sondern in der Botschaft eines Staats beantragt wird, eine Verletzung von dessen Souveränität dar. Kolumbien vertrat jedoch die Auffassung, dass Peru völkergewohnheitsrechtlich verpflichtet sei, Haya de la Torre die sichere Ausreise zu erlauben.

Links, linker, rechts

Nicht nur war der Staatsstreich Haya de la Torres gegen die amtierende Mitte-Links Regierung des späteren IGH-Richters José Bustamante y Rivero erfolglos, er führte in weiterer Folge zu einem rechtsgerichteten Militärputsch und der *de facto*-Militärdiktatur Manuel Odrías.

Rechtsfrage: (1) Wie entsteht (regionales) Völkergewohnheitsrecht? **(2)** Kann das diplomatische Asyl auf eine völkergewohnheitsrechtliche Geltungsgrundlage gestützt werden? **(3)** Falls nein, muss das diplomatischen Asyl beendet und Haya de la Torre ausgeliefert werden?

Ergebnis: (1) Zunächst hielt der IGH fest, dass die Beweislast für das Vorliegen von Völkergewohnheitsrecht bei der vorbringenden Partei liegt. Er forderte, dass die Staatenpraxis „konstant und einheitlich" („constant and uniform") sein muss. Im Falle regionalen Völkergewohnheitsrechts müssten jedenfalls alle Staaten, auf die es Anwendung finden soll, der Praxis folgen.

Das Völkergewohnheitsrecht im Wandel: Vom *Lotus*-Fall zum *Nuklearwaffen*-Gutachten

Sowohl der IGH wie auch schon der StIGH haben wesentlich zum Verständnis der Entstehung des Völkergewohnheitsrechts beigetragen, indem sie die beiden Elemente, Staatenpraxis und *opinio iuris*, konkretisierten. Hier sind insbesondere der *Lotus*-Fall, der *Asyl*-Fall, der *Fischerei*-Fall und die *Nordseefestlandsockel*-Fälle für die „Zwei-Elemente-Lehre" prägend. Dabei wählte der IGH im Hinblick auf den Charakter der Staatenpraxis einen zunehmend lockeren Zugang, und verlangte letztlich, dass die Praxis nur grundsätzlich in Übereinstimmung mit der entsprechenden Norm sein sollte, ihr aber nicht rigoros folgen muss. Während der IGH im *Nicaragua*-Fall noch die Gültigkeit der „Zwei-Elemente-Lehre" betonte, legte er einen Schwerpunkt auf das subjektive Element der *opinio iuris*. Später, im *Nuklearwaffen*-Gutachten stützte sich der IGH zum Nachweis des Völkergewohnheitsrechts stark auf Resolutionen der Generalversammlung der Vereinten Nationen. Darin wird in der Literatur teils eine Tendenz des IGH gesehen, dem subjektiven Element der *opinio iuris* höheres Gewicht zukommen zu lassen. Kritiker werfen dem Gericht vor, sich damit endgültig der Pflicht eines empirischen Nachweises der beiden Elemente, Staatenpraxis und *opinio iuris*, zu entziehen. Die ILC hat sich in ihren Schlussfolgerungen zur Feststellung von Völkergewohnheitsrecht 2019 wiederum klar zur „Zwei-Elemente-Lehre" bekannt.

(2) Im Ergebnis lehnte der IGH die Existenz des diplomatischen Asyls als regionales Völkergewohnheitsrecht ab, zumal die dahingehende Staatenpraxis zweifelhaft war und sich Peru nicht an den regionalen Verträgen mit Bestimmungen zum einseitigen diplomatischen Asyl beteiligt hatte.

SS. 277–278: Der Gerichtshof kann daher nicht feststellen, dass die kolumbianische Regierung die Existenz einer solchen Gewohnheit beweisen konnte. Aber selbst wenn man annehmen könnte, dass eine solche Gewohnheit lediglich zwischen gewissen Lateinamerikanischen Staaten existieren würde, könnte es nicht gegen Peru eingewandt werden. Weit davon entfernt es aufgrund seiner Rechtsüberzeugung zu befolgen, hat es dieses im Gegenteil abgelehnt, indem es davon abgesehen hat, die Montevideo Konventionen von 1933 und 1939 zu ratifizieren. Diese waren die ersten, die eine solche Bestimmung hinsichtlich der Festlegung des in Frage stehenden Vergehens in Bezug auf das diplomatische Asyl beinhalten.

(3) Da mit dem *Asyl*-Fall noch keine Lösung für die Situation Haya de la Torres gefunden war, kam es noch im selben Jahr zu einem erneuten Antrag an den IGH. Im folgenden *Haya de la Torre*-Fall stellte der Gerichtshof 1951 etwas widersprüchlich fest, dass Peru zwar ein Recht auf Beendigung des diplomatischen Asyls hat, aber keine Pflicht Kolumbiens zur Auslieferung Haya de la Torres besteht. Erst 1954 konnte Haya de la Torre die Botschaft verlassen.

Fischerei-Fall (1951)

Fischerei (Vereinigtes Königreich/Norwegen), Entscheidung vom 18. Dezember 1951

8

VÖLKERGEWOHNHEITSRECHT – „PERSISTENT OBJECTOR" – SEERECHT – BASISLINIEN – „ZEHN MEILEN"-REGEL

Sachverhalt: Zwischen Norwegen und dem Vereinigten Königreich war es aufgrund des Eindringens britischer Schleppnetzfischerboote in – aus norwegischer Sicht – innere Gewässer seit Beginn des 20. Jahrhunderts zu diplomatischen Verstimmungen gekommen. Das Vereinigte Königreich nahm den Standpunkt ein, dass die von Norwegen zur Bemessung herangezogenen geraden Basislinien einer völkerrechtlichen Grundlage entbehren würden. Nach britischem Verständnis dürften diese von einem äußeren Punkt der Küste zum nächsten verlaufenden Linien nicht länger als zehn Seemeilen sein (die „zehn Meilen"-Regel). Daran konnte Norwegen aufgrund des zerklüfteten Küstenverlaufs (der sogenannte Tigerrücken Skandinaviens) kein Interesse haben und hatte der Anwendung der „zehn Meilen"-Regel auf die norwegische Küste stets widersprochen.

> **Was ist eine Basislinie?**
>
> Im Seerecht werden alle Meereszonen von der sogenannten Basislinie aus berechnet. Diese entspricht im Normalfall der Niedrigwasserlinie, also dem durchschnittlichen Ebbestand des Wassers. Ist der Küstenverlauf jedoch stark zerklüftet, buchtenreich oder von küstennahen Inseln umsäumt, so kann eine gerade Basislinie als kürzeste Verbindung zwischen Punkten am äußeren Rand der Einbuchtungen oder Inseln gezogen werden. Dabei dürfen die so gezogenen geraden Basislinien nicht erheblich vom allgemeinen Küstenverlauf abweichen.

Rechtsfrage: Steht die von Norwegen angewandte Methode zur Festlegung der Basislinien im Einklang mit den diesbezüglichen Bestimmungen des Völkergewohnheitsrechts und, falls nicht, hätte Norwegen aus dieser Praxis der „zehn Meilen"-Regel „herausoptieren" können?

Ergebnis: Der IGH fand, dass Norwegen im Einklang mit den spezifischen völkergewohnheitsrechtlichen Regeln zur Bemessung seines Küstenverlaufs gehandelt hatte. Dabei fügte er – eigentlich dem non-konsensualen Charakter des Völkergewohnheitsrechts zuwiderlaufend – hinzu, dass es unter gewissen Umständen möglich ist, sich der Unterwerfung unter eine völkergewohnheitsrechtliche Norm zu widersetzen. Einen solchen Staat bezeichnet man als „persistent objector" („beharrlicher Verweigerer").

Dafür bedarf es eines offenen Widerspruchs,
- der unmissverständlich,
- zum Entstehungszeitpunkt der Norm zum Ausdruck gebracht wird und
- auch nachträglich weiterhin aufrechterhalten wird.

Sobald ein solcher „persistent objector" existiert, spricht man nicht mehr von „universellem", ausnahmslos auf sämtliche Staaten der internationalen Gemeinschaft Anwendung findendem, sondern lediglich von „allgemeinem" Völkergewohnheitsrecht.

S. 131: Unter diesen Umständen hält es das Gericht für notwendig, darauf hinzuweisen, dass obwohl die „zehn Meilen"-Regel von einigen Staaten sowohl in ihr innerstaatliches Recht, als auch in Verträge und Übereinkommen übernommen wurde, und obwohl bestimmte Schiedssprüche sie im Verhältnis zwischen diesen Staaten angewandt haben, andere Staaten eine unterschiedliche Grenze annahmen. Folglich hat die „zehn Meilen"-Regel nicht das Gewicht einer allgemeinen Regel des Völkerrechts [= Völkergewohnheitsrecht] erlangt. Auf jeden Fall scheint die „zehn Meilen"-Regel gegenüber Norwegen nicht anwendbar zu sein, zumal es stets jeglichen Versuch deren Anwendung auf die norwegische Küste ablehnte.

Nottebohm-Fall (1955)

Nottebohm (Liechtenstein/Guatemala), Entscheidung vom 6. April 1955

9

DIPLOMATISCHES SCHUTZRECHT – MEHRFACHSTAATSANGEHÖRIGKEIT – „GENUINE LINK"

Sachverhalt: Friedrich Nottebohm war ursprünglich deutscher Staatsbürger, hatte aber seinen Wohnsitz in Guatemala und war dort auch wirtschaftlich tätig. Im Jahr 1939 reiste er nach Liechtenstein, wo er unter Verzicht auf das nach liechtensteinischem Recht geltende dreijährige Aufenthaltserfordernis sowie nach Bezahlung eines Geldbetrags die liechtensteinische Staatsbürgerschaft erwarb. Anschließend reiste er zurück nach Guatemala. Da ihn Guatemala nach Ausbruch des Zweiten Weltkriegs jedoch weiterhin als Angehörigen des Feindstaats Deutschland betrachtete, wurde er inhaftiert und sein Vermögen konfisziert. Liechtenstein reichte in Ausübung des diplomatischen Schutzrechts zugunsten Nottebohms beim IGH Klage gegen Guatemala ein.

Rechtsfrage: Kann Liechtenstein zugunsten Nottebohms das diplomatische Schutzrecht ausüben?

Ergebnis: Der IGH stellte im Wesentlichen fest, dass sich Liechtenstein gegenüber Guatemala nicht auf die Nottebohm zuerkannte Staatsbürgerschaft berufen konnte, um das diplomatische Schutzrecht auszuüben, weil zwischen Nottebohm und Liechtenstein kein besonderes Naheverhältnis („genuine link") bestand.

Wer hilft Friedrich Nottebohm?
Der IGH nahm mit seiner Entscheidung in Kauf, dass Nottebohm letztlich gar kein diplomatischer Schutz zuteil werden konnte, zumal er die deutsche Staatsangehörigkeit nicht mehr besaß.

S. 23: Gemäß Staatenpraxis, schiedsgerichtlichen und gerichtlichen Entscheidungen und Autorenmeinungen ist Staatsbürgerschaft ein rechtliches Band, beruhend auf der gesellschaftlichen Tatsache einer Zugehörigkeit, einem besonderen Naheverhältnis von Leben, Interessen und Empfindung, zusammen mit gegenseitigen Rechten und Pflichten. Es kann als rechtlicher Ausdruck der Tatsache bezeichnet werden, dass ein Individuum dem die Staatsbürgerschaft zuerkannt wird, entweder direkt durch das Recht oder infolge eines Aktes der Behörden, tatsächlich enger mit der Bevölkerung des die Staatsbürgerschaft zuerkennenden Staats verbunden ist, als mit der eines andern Staats. Zuerkannt durch einen Staat, erlaubt es diesem Staat lediglich dann, das diplomatische Schutzrecht vis-à-vis einem anderen Staat auszuüben, sofern es die rechtliche Umsetzung des besonderen Naheverhältnisses des Individuums mit dem Staat darstellt, der ihn zum Staatsbürger gemacht hat.

Das rätselhafte „genuine link"-Erfordernis

Die Entscheidung wurde vielfach herangezogen, um generell für die Zulässigkeit der Ausübung des diplomatischen Schutzrechts eine besondere Nahebeziehung zu fordern. Insbesondere weil der Entscheidung des IGH in diesem Fall ein sehr ungewöhnlicher Sachverhalt zugrunde lag, scheint sich inzwischen jedoch die Ansicht durchgesetzt zu haben, dass das „genuine link"-Erfordernis keine generelle Anwendbarkeit über die spezifische Situation in Nottebohm hinaus genießt. Diese Ansicht wird jedenfalls von der ILC in den Kommentaren zum Artikelentwurf über das diplomatische Schutzrecht aus dem Jahr 2006 eingenommen. Hat eine Person daher die Staatsbürgerschaft eines bestimmten Staats, wird im Regelfall für die Ausübung des diplomatischen Schutzrechts nicht zusätzlich ein besonderes Naheverhältnis gefordert. Lediglich bei Mehrfachstaatsangehörigkeit bleibt das „genuine link"-Erfordernis weiterhin relevant.

Durchgangsrecht über indisches Gebiet-Fall (1960)

Durchgangsrecht über indisches Gebiet (Portugal/Indien), Entscheidung vom 12 April 1960

10

(BILATERALES) VÖLKERGEWOHNHEITSRECHT – DURCHGANGSRECHT

Sachverhalt: Dadra und Nagar Haveli im Westen Indiens waren bis 1954 Teil Portugiesisch-Indiens. Als Enklaven, also von einem anderen Staat umschlossene Territorien, konnten sie nur über den indischen Landweg erreicht werden. Ein entsprechendes Durchgangsrecht vom Meer aus war für Zivilpersonen – nicht aber für Militärpersonal – bereits seit Kolonialzeiten geduldet worden. Als 1954 indische Nationalisten die Kontrolle über die Gebiete gewannen, verweigerte Indien Portugal den Durchgang. Portugal berief sich vor dem IGH hingegen auf ein völkerrechtlich gewährleistetes Durchgangsrecht.

Rechtsfrage: Besteht ein solches Durchgangsrecht?

Ergebnis: Durch die seit dem 19. Jahrhundert erfolgte Staatenpraxis hatte sich ein solches Durchgangsrecht als bilaterales Völkergewohnheitsrecht herausgebildet. Da dies jedoch nicht für das Militär galt, konnte Portugal das Gebiet nicht mehr unter seine Kontrolle bringen.

Tempel von Preah Vihear-Fall (1962)

Tempel von Preah Vihear (Kambodscha/Thailand), Entscheidung vom 15. Juni 1962

11

VERSCHWEIGUNG („ACQUIESCENCE")

Sachverhalt: Thailand (damals unter dem Namen Siam) und Kambodscha (noch unter französischer Kolonialherrschaft) hatten zu Beginn des 20. Jahrhunderts einen Grenzvertrag geschlossen. Nach diesem Vertrag sollte die Grenze zwischen den beiden Ländern im Gebiet um den Tempel von Prasat Preah Vihear dem Wasserlauf folgen. Der Tempel hätte sich dementsprechend auf thailändischem Gebiet befunden. Auf dazu angefertigten Karten wurde er allerdings auf kambodschanischem Gebiet eingezeichnet. 1958 kam es zu einem Grenzstreit zwischen den beiden Staaten.

Rechtsfrage: Kann die thailändische Regierung auf Grundlage des Grenzvertrags Einwände gegen den Grenzverlauf einbringen?

Ergebnis: Ein materieller Rechtsanspruch wird verschwiegen, sofern kein Widerspruch von Seiten der betroffenen Partei geäußert wird, ein solcher aber zu erwarten gewesen wäre. Da die thailändische Regierung keinen Widerspruch gegen die angefertigten Karten erhoben hatte, kam der IGH entsprechend zum Ergebnis, dass sie sich des Rechts, Einwände dagegen einzubringen, verschwiegen hatte.

> **S. 23:** Thailand brachte vor, dass die Übermittlung der Karten durch die französische Kolonialverwaltung sozusagen *ex parte* [nur hinsichtlich einer Partei relevant] war und keine formelle Kenntnisnahme von Thailand gefordert oder gegeben wurde. Allerdings [...] wurde dies zweifelsohne auf eine sehr bestimmte Art und Weise durch dessen Verhalten quittiert; aber selbst, wenn es anders wäre, ist klar, dass die Umstände derart waren, dass sie irgendeine Reaktion, in angemessener Frist, von Seiten der siamesischen Regierung erfordert hätten, wenn diese mit der Karte nicht einverstanden gewesen wären oder ein ernsthaftes Anliegen dazu hätten vorbringen wollen. Das haben sie nicht gemacht, weder damals noch für viele Jahre, weshalb festgehalten werden muss, dass sie sich dieses Recht verschwiegen haben. *Qui tacet consentire videtur si loqui debuisset ac potuisset* [„Wer schweigt, scheint zuzustimmen, wenn er hätte reden können und müssen"].

Bestimmte Ausgaben der Vereinten Nationen-Gutachten (1962)

Bestimmte Ausgaben der Vereinten Nationen (Artikel 17 Absatz 2 UN-Charta), Rechtsgutachten vom 20. Juli 1962

12.

FRIEDENSERHALTENDE OPERATIONEN – „IMPLIED POWERS"

Sachverhalt: Frankreich und die Sowjetunion weigerten sich, die im Zusammenhang mit den Friedenserhaltenden Operationen der Vereinten Nationen im Nahen Osten und im Kongo in den 1950er und 1960er Jahren entstandenen, von der Generalversammlung der Vereinten Nationen genehmigten Kosten mitzutragen. Dabei argumentierten diese Staaten, dass Friedenserhaltende Operationen nicht in der UN-Charta genannt seien. Demnach wären die Kosten nicht dem regulären Budget zuzurechnen.

Rechtsfrage: (1) Kann die Generalversammlung überhaupt zur Aufrechterhaltung des internationalen Friedens und der Sicherheit tätig werden? (2) Müssen die Kosten für Friedenserhaltende Operationen von den Mitgliedstaaten der Vereinten Nationen als „Ausgaben der Organisation im Sinne von Artikel 17 Absatz 2" UN-Charta getragen werden?

Ergebnis: (1) Die Aufrechterhaltung des internationalen Friedens und der Sicherheit ist zwar die primäre, aber nicht die alleinige Aufgabe des Sicherheitsrats der Vereinten Nationen, womit die Generalversammlung ebenfalls in dieser Angelegenheit tätig werden darf.

(2) Der IGH stellte fest, dass Friedenserhaltende Operationen als „implied powers" unter die Ziele und Aufgaben der Vereinten Nationen fallen und daher als „Ausgaben der Organisation" von deren Mitgliedern zu tragen sind. Dabei werden die allgemeinen Bestimmungen zu den Beitragshöhen für Friedenserhaltende Operationen in der Praxis modifiziert.

> **S. 171–172:** [...] es ist ersichtlich, dass die Operationen durchgeführt wurden, um einen Hauptzweck der Vereinten Nationen zu erfüllen, nämlich die Förderung und Aufrechterhaltung einer friedlichen Lösung der Situation. In diesem Sinne hat der Generalsekretär die ihm übertragene Befugnis ordnungsgemäß ausgeübt, finanzielle Verpflichtungen der Organisation einzugehen. Die sich aus diesen Verpflichtungen ergebenden Kosten sind als „Ausgaben der Organisation im Sinne von Artikel 17 Absatz 2" anzusehen.

Nordseefestlandsockel-Fälle (1969)

Nordseefestlandsockel (Deutschland/Niederlande; Deutschland/Dänemark), Entscheidung vom 20. Februar 1969

13

VÖLKERGEWOHNHEITSRECHT – VERHÄLTNIS VÖLKERGEWOHNHEITSRECHT UND VERTRAGSRECHT – FESTLANDSOCKEL – ÄQUIDISTANZPRINZIP

Sachverhalt: Der sogenannte Festlandsockel bezeichnet den jenseits des Küstenmeeres eines Staats gelegenen Meeresboden, der die natürliche Verlängerung des abfallenden Landgebiets darstellt. Er erstreckt sich grundsätzlich bis zur äußeren Kante des Festlandrands, höchstens jedoch bis zu einer Entfernung von 350 Seemeilen (etwa 650 km, unter besonderen Umständen aber auch weiter) und wenigstens 200 Seemeilen (etwa 370 km) jenseits der Basislinie, von der aus nach internationalem Seerecht die verschiedenen Zonen der Meere berechnet werden. Grenzt ein Festlandsockel an mehrere benachbarte oder gegenüberliegende Staaten, kann seine Aufteilung Schwierigkeiten bereiten. So waren sich Dänemark, die Niederlande und Deutschland uneinig, wer welche Teile des Festlandsockels, an den alle drei Staaten angrenzen, beanspruchen darf. Dänemark und die Niederlande plädierten für die Anwendung des sogenannten Äquidistanzprinzips, das auch von der Genfer Festlandsockelkonvention 1958 (einer der Vorläufer des Seerechtsübereinkommens) die für benachbarte Staaten vorgesehene Lösung war. Danach verläuft die Grenze des Festlandsockels jeweils in glei-

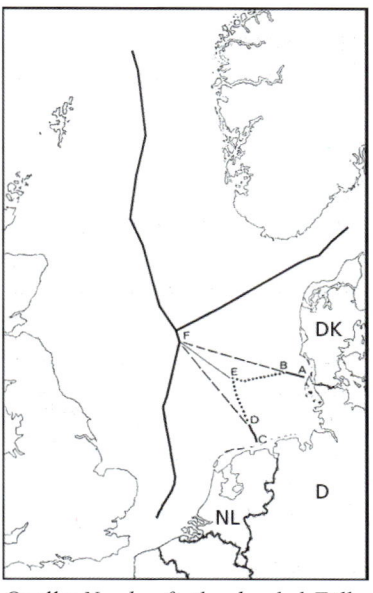

Quelle: *Nordseefestlandsockel-Fälle*, S. 16, geringfügig verändert

cher Entfernung von den nächstgelegenen Punkten der Basislinie (zur Veranschaulichung siehe Grafik, Linie A-B-E-D-C). Aufgrund des konkaven Küstenverlaufs wäre die Anwendung des Äquidistanzprinzips jedoch für Deutschland äußerst ungünstig ausgefallen, weshalb es die Genfer Festlandsockelkonvention auch nie ratifiziert hatte (zur Veranschaulichung der von Deutschland beanspruchten Abgrenzung siehe Grafik, Linie A-B-F-D-C).

Das Schicksal des Äquidistanzprinzips

Artikel 83 des in der Zwischenzeit in Kraft getretenen Seerechtsübereinkommens enthält keinen Verweis mehr auf die spezifischen, für die Abgrenzung des Festlandsockels zwischen benachbarten oder gegenüberliegenden Staaten zur Anwendung kommenden Modelle, sondern sieht vor, dass die entsprechenden Staaten eine Übereinkunft nach Billigkeit erzielen.

Rechtsfrage: **(1)** Wie entsteht Völkergewohnheitsrecht in einem Rechtsbereich, der bereits weitgehend vertragsrechtlich geregelt ist? **(2)** Ist das Äquidistanzprinzip Völkergewohnheitsrecht und dementsprechend trotz der Nichtratifikation der Genfer Festlandsockelkonvention durch Deutschland anwendbar?

Ergebnis: **(1)** Zunächst relativierte der IGH seine Erkenntnis im *Asyl*-Fall, indem er klarstellte, dass die für die Entstehung von Völkergewohnheitsrecht notwendige Staatenpraxis lediglich „weit verbreitet und nahezu einheitlich" („both extensive and virtually uniform") sein müsse. Dabei hielt er fest, dass vor allem die Praxis jener Staaten, die von einer gewissen Norm betroffen sind, besonders relevant ist. Im Umkehrschluss bedeutet das, dass nicht alle Staaten der internationalen Gemeinschaft notwendigerweise an der Entstehung mitwirken müssen. Es genügt, dass die im Wesentlichen betroffenen Staaten Staatenpraxis setzen und keine gegenteilige *opinio iuris* oder Protest durch andere Staaten geäußert wird. Der IGH stellte zudem fest, dass es drei Möglichkeiten gibt, wie eine vertragsrechtliche Norm gleichzeitig als völkergewohnheitsrechtliche Norm in Geltung stehen kann:

- Die gewohnheitsrechtliche Norm bestand bereits vor Vertragsabschluss und wurde im Vertrag kodifiziert.
- Eine bereits im Entstehen begriffene gewohnheitsrechtliche Norm kristallisiert sich im Zuge des Vertragsabschlusses.
- Die gewohnheitsrechtliche Norm entwickelt sich erst nach dem Vertragsabschluss.

Nachdem der IGH die ersten zwei Möglichkeiten ausgeschlossen hatte, ging es in weiterer Folge vor allem um die dritte, kontroversere Möglichkeit. Eine vertragsrechtliche Norm, die zum Zeitpunkt des Vertragsabschlusses nicht gewohnheitsrechtlich in Geltung steht, kann sich nach Ansicht des IGH dann zu Völkergewohnheitsrecht entwickeln, wenn sie „wesentlich normerzeugenden Charakters" ist und daher die Grundlage für eine „allgemeine Regel des Völkerrechts" darstellen kann. Dies ersetzt allerdings nicht den Nachweis der beiden Elemente, Staatenpraxis und *opinio iuris*. Anhaltspunkt im Falle der Entwicklung aus Verträgen kann aber insbesondere eine hohe Anzahl von Vertragsparteien sein, sofern dies die besonders von der in Frage stehenden Norm betroffenen Staaten einschließt.

> **72.** Es wäre in erster Linie erforderlich, dass die in Frage stehende Norm wesentlich normerzeugenden Charakters ist, oder zumindest sein könnte, sodass sie als Grundlage für eine „allgemeinen Regel des Völkerrechts" vorstellbar wäre.
>
> **73.** In Bezug auf die anderen Elemente, die üblicherweise als notwendig erachtet werden, bevor eine vertragsrechtliche Norm als allgemeine Regel des Völkerrechts angesehen werden kann, könnte es sein, dass auch ohne das Verstreichen eines längeren Zeitraums eine sehr verbreitete und repräsentative Beteiligung an dem Übereinkommen für sich allein ausreichen könnte, sofern sie die Beteiligung jener Staaten einschließt, deren Interessen besonders betroffen sind. [...]
>
> **74.** [...] Auch wenn das Verstreichen eines nur kurzen Zeitraums nicht unbedingt, oder für sich genommen, ein Hindernis für das Entstehen einer neuen Norm des Völkergewohnheitsrechts auf der Grundlage einer ursprünglich rein vertraglichen Regel ist, wäre es unerlässlich, dass innerhalb des betreffenden Zeitraums, so kurz er auch sein mag, die Staatenpraxis, einschließlich jener Staaten, deren Interessen besonders betroffen sind, sowohl umfangreich als auch weitgehend einheitlich im Sinne der Bestimmung, auf die sich eine Partei stützt, ist; – und darüber hinaus eine allgemeine Anerkennung beinhaltet, dass die Norm eine rechtliche Verpflichtung darstellt.

(2) Der IGH kam zum Schluss, dass das Äquidistanzprinzip, wie es in der Konvention festgelegt war, diesen Anforderungen nicht genügte. Zum einen war es nicht wesentlich normerzeugenden Charakters, vor allem aufgrund der untergeordneten Rolle, die es in der Konvention spielte. Zum anderen war die Praxis nicht nur zu spärlich, sondern auch nicht von *opinio iuris* getragen. Mangels einer Regelung wies der IGH die Parteien daher an den Verhandlungstisch zurück, wo sie sich auf einen Mittelweg – die sogenannte Entenschnabellösung (siehe Grafik) – einigten.

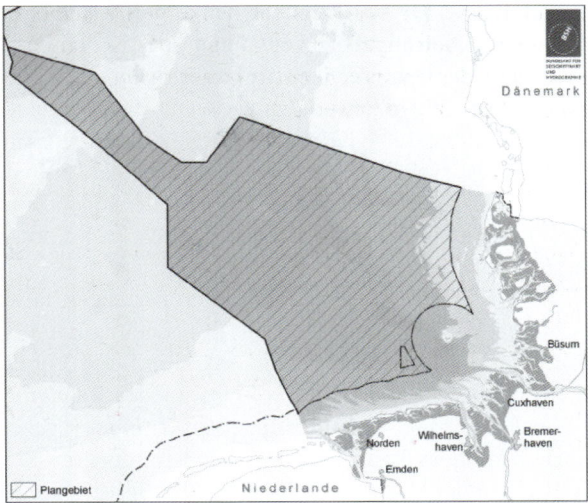

Quelle: Verordnung über die Raumordnung in der deutschen ausschließlichen Wirtschaftszone in der Nordsee vom 21. September 2009 (BGBl. I S. 3107), geändert durch Artikel 5 der Verordnung vom 2. Juni 2016 (BGBl. I S. 1257)/Bundesamt für Seeschiffahrt und Hydrographie, geringfügig verändert

Barcelona Traction-Fall (1970)

Barcelona Traction (Belgien/Spanien), Entscheidung vom 5. Februar 1970

14

DIPLOMATISCHES SCHUTZRECHT – STAATSZUGEHÖRIGKEIT JURISTISCHER PERSONEN – *ERGA OMNES*-VERPFLICHTUNGEN

Sachverhalt: Im Zentrum stand die Barcelona Traction, Light and Power Company, Limited, eine juristische Person mit Sitz und Gründungsort Toronto, Kanada. Sie stand jedoch mehrheitlich im Eigentum belgischer Staatsbürger beziehungsweise juristischer Personen aus Belgien. Barcelona Traction hatte wiederum Tochtergesellschaften in Spanien, die 1948 für insolvent erklärt und liquidiert wurden. Nach einem längeren juristischen Vorspiel wandte sich Belgien mit dem Vorwurf, dass dies willkürlich erfolgt sei, an den IGH, um das diplomatische Schutzrecht für Barcelona Traction auszuüben. Dies wäre allerdings nur möglich, sollte die juristische Person Belgien zugehörig sein.

Völkerrechtsgeschenke

Aktien der Barcelona Traction, Light and Power Company, Limited, können nach wie vor im Antiquariat erworben werden und eignen sich hervorragend als Geschenke für völkerrechtsinteressierte Freunde und Bekannte. Die beiden Autoren dieser Fallsammlung haben leider noch keine geschenkt bekommen. Eine Aktie kann am Gang der Abteilung für Völkerrecht und Internationale Beziehungen der Universität Wien bewundert werden.

Rechtsfrage: **(1)** Welche „Staatsangehörigkeit" kommt einer juristischen Person zu? **(2)** Wären Verpflichtungen denkbar, bei denen es nicht auf einen Anknüpfungspunkt zum geltendmachenden Staat ankommt, weil sie etwa der gesamten Staatengemeinschaft gegenüber geschuldet sind?

Ergebnis: (1) Der IGH unterschied zwischen einer Reihe möglicher Ansätze für die Feststellung der „Staatsangehörigkeit" einer juristischen Person: der Sitztheorie zufolge kommt es darauf an, wo der Sitz der juristischen Person liegt, der Gründungstheorie nach, wo sie gegründet wurde, der Kontrolltheorie nach, woher die Mehrheit ihrer Eigentümer beziehungsweise Teilhaber stammt. Der IGH vertrat die Sitz- und die Gründungstheorie und wies die Kontrolltheorie zurück, womit Belgien die Ausübung des diplomatischen Schutzrechts verwehrt war. Ein Durchgriff auf die Staatsangehörigkeit der Eigentümer („lifting" oder „piercing the corporate veil") ist nur in Ausnahmefällen möglich, wenn etwa konkrete Rechte aus der Aktionärsstellung verletzt sind.

(2) Der IGH unterschied zwischen der gegenständlichen Konstellation des diplomatischen Schutzrechts, bei dem es für die Einwendung der Völkerrechtsverletzung auf die Staatsangehörigkeit der verletzten Person ankommt, und Verpflichtungen, die der gesamten Staatengemeinschaft geschuldet sind, weil etwa jeder Staat ein Interesse an deren Einhaltung hat. Diese bezeichnete er als Verpflichtungen *erga omnes* („gegenüber allen"), deren Einhaltung ein Staat auch einfordern kann, wenn er nicht im engeren Sinne selbst „verletzt" ist. Dabei legte der IGH einen demonstrativen Katalog von Bestimmungen vor, aus denen solche Verpflichtungen erwachsen, nämlich aus dem Verbot von Angriffshandlungen (Aggression), dem Verbot des Völkermords sowie aus Prinzipien und Regeln, welche die fundamentalen Rechte der menschlichen Person betreffen, insbesondere der Schutz vor Sklaverei und Diskriminierung aufgrund ethnischer Zugehörigkeit.

> **33.** Wenn ein Staat auf seinem Gebiet Investitionen fremder Staatsbürger, egal ob natürliche oder juristische Personen, erlaubt, ist er zur Gewährung desselben Rechtsschutzes sowie zur Einhaltung eines bestimmter Behandlungsstandards verpflichtet. Diese Verpflichtungen sind allerdings weder absolut noch undifferenziert. Insbesondere sollte man eine wesentliche Unterscheidung zwischen Pflichten eines Staats gegenüber der gesamten internationalen Gemeinschaft und solchen vis-à-vis einem anderen Staat im Bereich des diplomatischen Schutzrechts treffen. Schon aufgrund deren Charakters betreffen erstere alle Staaten. In Anbetracht der Wichtigkeit der betroffenen Rechte kann angenommen werden, dass alle Staaten ein Rechtsinteresse an deren Schutz haben; es sind dies Verpflichtungen *erga omnes*.
>
> **34.** Solche Verpflichtungen entstammen im zeitgenössischen Völkerrecht zum Beispiel dem Verbot von Aggression und des Völkermords sowie den Prinzipien und Regeln betreffend die fundamentalen Rechte der menschlichen Person, insbesondere des Schutzes vor der Sklaverei und rassischer Diskriminierung. Einige dieser Rechte sind bereits Teil des Völkergewohnheitsrechts geworden; andere gelten aufgrund völkerrechtlicher Verträge universellen oder quasi-universellen Charakters.

Kernwaffenversuche-Fälle (1974)

Kernwaffenversuche (Australien/Frankreich; Neuseeland/Frankreich), Entscheidung vom 20. Dezember 1974

EINSEITIGE RECHTSGESCHÄFTE – „GOOD FAITH" – RECHTSINTERESSE

Sachverhalt: Nachdem Algerien, dessen Territorium bisher von Frankreich für Atomtests benutzt worden war, unabhängig wurde, verlegte Frankreich seine Aktivitäten auf das südpazifische Mururoa-Atoll sowie auf die nahegelegene Insel Fangataufa. 1973 leiteten Australien und

Neuseeland ein Verfahren gegen Frankreich vor dem IGH ein, um die Beendigung atmosphärischer Atomtests zu erwirken. Frankreich weigerte sich zwar, an dem Verfahren teilzunehmen, mehrere französische Regierungsvertreter, darunter der Präsident, der Außenminister und der Verteidigungsminister, verlautbarten aber, dass keine weiteren atmosphärischen Tests mehr stattfinden würden.

Südseeparadies Französisch-Polynesien?

Obwohl Frankreich 1974 atmosphärische Tests beendete, setzte es unterirdische Atomtests im Pazifik bis 1996 fort. 1985 wurde in diesem Zusammenhang die Rainbow Warrior von französischen Geheimagenten versenkt (siehe *Rainbow Warrior*-Fall). Das Mururoa-Atoll und Fangataufa sind bis heute Sperrgebiete, zumal dort nach wie vor Unmengen radioaktiven Mülls lagern. Frankreich gestand inzwischen ein, dass die Atomtests zu einem erhöhten Schilddrüsenkrebsrisiko unter den Bewohnern Französisch-Polynesiens führten.

Rechtsfrage: Handelte es sich bei den Aussagen französischer Regierungsvertreter um Versprechen im Sinne eines einseitigen Rechtsgeschäfts?

Ergebnis: Der IGH sah diese als verbindliche Zusagen an, wodurch der von Australien und Neuseeland gewünschte rechtliche Zustand erreicht war und entsprechend kein Rechtsinteresse an einer Sachentscheidung mehr bestand. Zusammenfassend kann man diesem Urteil folgend sagen, dass ein einseitiges Rechtsgeschäft

- einer mündlichen oder schriftlichen Erklärung
- von einem zuständigen Organ
- mit Bindungs- beziehungsweise Rechtsfolgewillen,
- auf die sich eine andere Partei verlassen durfte,

bedarf.

> **49.** Von den Erklärungen der französischen Regierung [...] sind die wichtigsten eindeutig jene des Präsidenten der Republik. Im Hinblick auf seine Aufgaben kann kein Zweifel daran bestehen, dass seine öffentlichen Mitteilungen oder Erklärungen, mündlich oder schriftlich, als Staatsoberhaupt in den internationalen Beziehungen Akte des französischen Staats darstellen. Seine Erklärungen und jene unter seiner Amtsgewalt handelnder Mitglieder der französischen Regierung, bis hin zur letzten Erklärung des Verteidigungsministers [...], bilden ein Ganzes. In welcher Form auch immer diese Erklärungen abgegeben wurden, müssen sie daher unter Berücksichtigung ihrer Absicht und der Umstände, unter denen sie abgegeben wurden, als eine Verpflichtung des Staats angesehen werden.
>
> **50.** Die einseitigen Erklärungen der französischen Behörden wurden außerhalb des Gerichtshofs öffentlich und *erga omnes* abgegeben, obwohl die erste von ihnen der Regierung Australiens übermittelt wurde. Wie bereits erwähnt, war es für die Rechtswirksamkeit nicht erforderlich, dass diese Erklärungen an einen bestimmten Staat gerichtet werden, noch war die Annahme durch einen anderen Staats erforderlich. [...]

Teheraner Geisel-Fall (1980)

Diplomatisches und konsularisches Personal der USA in Teheran (USA/Iran), Entscheidung vom 24. Mai 1980

WDK – STAATENVERANTWORTLICHKEIT – UNTERLASSUNG – ZURECHNUNG – ARTIKEL 11 ASR

Sachverhalt: Im Zuge der Iranischen Revolution 1979 stürmten iranische „Studenten" die US-Botschaft, besetzten sie für 444 Tage und nahmen über 50 Botschaftsbedienstete als Geiseln. Der Iran setzte keine Schritte um die Geiselnahme zu beenden und unterstützte diese in weiterer Folge sogar offiziell. Insbesondere erklärte Revolutionsführer Ayatollah Khomeini im Zusammenhang mit der Freilassung von 13 Geiseln rund zwei Wochen nach dem Sturm auf die Botschaft in einem öffentlichen Dekret, dass der Iran keine Genehmigung für die Freilassung aller anderen Geiseln gibt und diese weiterhin unter Arrest stehen, bis die USA die iranischen Forderungen erfüllten.

> **Argo**
> 2012 verfilmte Ben Affleck einen Teil der Geschichte, wobei insbesondere der Sturm auf das Botschaftsgebäude der USA in Teheran eindrücklich dargestellt wird.

> **Öffentliche Stellungnahme Khomeinis am 17. November 1979**
> […Ü]bergebt die Schwarzen [*sic!*] und die Frauen an das Außenministerium, falls es bewiesen ist, dass sie nicht spioniert haben, sodass sie sofort aus dem Iran ausgewiesen werden können […]. Der ehrwürdige iranische Staat erteilt keine Genehmigung für die Freilassung der verbliebenen Geiseln. Diese bleiben daher unter Arrest, bis die amerikanische Regierung im Einklang mit den Wünschen des Irans handelt.

Rechtsfrage: **(1)** Verletzte der Iran durch das Nichteinschreiten seine Verpflichtungen aus der WDK? **(2)** Verletzte der Iran durch die von nicht-staatlichen Akteuren ausgeführte Stürmung und Besetzung der Botschaft sowie die Geiselnahme seine Verpflichtungen aus der WDK?

Ergebnis: **(1)** Zum einen verletzte der Iran seine Verpflichtungen aus der WDK durch Unterlassen. Insbesondere legt Artikel 22(2) WDK fest, dass der Empfangsstaat eine „besondere Pflicht" hat, „alle geeigneten Maßnahmen zu treffen, um die Räumlichkeiten der Mission vor jedem Eindringen und jeder Beschädigung zu schützen". Artikel 29 sieht Ähnliches in Bezug auf diplomatisches Personal vor, indem er Empfangsstaaten dazu verpflichtet, den Diplomaten „mit gebührender Achtung" zu behandeln und alle „geeigneten Maßnahmen zu treffen, um jeden Angriff auf seine Person, seine Freiheit oder seine Würde zu verhindern". Im Zuge des Sturms auf die Botschaft schützte der Iran die Botschaft und die Bediensteten nicht ausreichend und unternahm ungenügend Anstrengungen, den Angriff zu verhindern oder zu beenden. Der Iran verletzte daher durch sein eigenes Nichteinschreiten seine Verpflichtungen aus der WDK.

> **61.** […] Dem Iran als Empfangsstaat wurden durch eine Reihe von Bestimmungen der Wiener Übereinkommen von 1961 und 1963 strikte Verpflichtungen auferlegt, geeignete Maßnahmen zu ergreifen, um den Schutz der Botschaft und Konsulate der Vereinigten Staaten, ihrer Mitarbeiter, ihrer Archive, ihrer Kommunikationsmittel und die Bewegungsfreiheit ihrer Mitarbeiter zu gewährleisten. […]

63. Die […] dargelegten Tatsachen belegen zur Zufriedenheit des Gerichtshofs, dass die iranische Regierung am 4. November 1979 verabsäumte, alle „geeigneten Maßnahmen" zu ergreifen, um die Räumlichkeiten, das Personal und die Archive der Mission der Vereinigten Staaten vor Angriffen durch die Militanten zu schützen, und alle Maßnahmen zu ergreifen, um diesen Angriff entweder zu verhindern oder zu beenden, bevor er zum Abschluss kam. […].

69. [Den Iran] traf eine klare Verpflichtung, sofort jede Anstrengung zu unternehmen und geeignete Schritte zu setzen, um diese eklatanten Verletzungen der Unverletzlichkeit des Missionsgebäudes, der Archive und des diplomatischen und konsularischen Personals der Botschaft der Vereinigten Staaten zu einem raschen Ende zu bringen […].

70. Die Iranischen Behörden unternahmen jedoch keine solchen Schritte. […]

(2) Zum anderen verletzte der Iran seine Verpflichtungen aus der WDK durch die Besetzung der Botschaft und die Geiselnahme. Da diese nicht von staatlichen Stellen durchgeführt wurden, stellte sich die Frage, ob dem Iran die Handlungen der Studenten als Privatpersonen zugerechnet werden konnten. Der Sturm auf die Botschaft selbst wurde von den Studenten in „Eigenregie" durchgeführt und war daher dem Iran nicht zurechenbar. Anders verhielt es sich jedoch mit der Aufrechterhaltung der Besetzung und Geiselnahme. Ausschlaggebend in dieser Hinsicht war unter anderem das Dekret des Revolutionsführers Ayatollah Khomeini, in dem er anordnete, die Geiseln nicht freizulassen.

Auf Grundlage dieser Zustimmung und Anordnung durch Khomeini und andere iranische Organe waren die Besetzung der Botschaft und die Geiselnahme dem Iran zurechenbar, obwohl sie nicht durch Organe des iranischen Staats im engeren Sinn ausgeführt worden waren.

Artikel 11 ASR

Die im *Teheraner Geisel*-Fall angewandte Zurechnungsregel fand Eingang in Artikel 11 ASR, der vorsieht, dass Verhalten, das eigentlich Privathandeln darstellt, dem Staat zugerechnet wird, wenn und soweit der Staat dieses Verhalten als sein eigenes anerkennt und annimmt.

73. Der Stempel der Zustimmung durch die Regierung wurde der Situation schließlich durch ein Dekret des Ayatollah Khomeini vom 17. November 1979 aufgedrückt. […]

74. […] Das Ergebnis dieser politischen Linie war es, die durch die Besetzung der Botschaft und die Festhaltung des diplomatischen und konsularischen Personals als Geiseln erzeugte Situation in rechtlicher Hinsicht zu transformieren. Die Zustimmung zu diesen Handlungen durch Ayatollah Khomeini und andere iranische Organe, sowie die Entscheidung diese aufrecht zu erhalten, machte die andauernde Besetzung der Botschaft und Festhaltung der Geiseln zu Staatsakten. Die Militanten, welche die Stürmung der Botschaft initiierten und die Geiseln gefangen hielten, wurden so zu Vertretern des iranischen Staats, für deren Handlungen der Staat selbst völkerrechtlich verantwortlich war. […]

76. Die Entscheidung der iranischen Behörden, die Räumlichkeiten der Botschaft der Vereinigten Staaten weiterhin der Besetzung durch Militanten und das Botschaftspersonal weiterhin der Geiselnahme zu unterwerfen, führte eindeutig zu wiederholten und mehrfachen Verstößen gegen die geltenden Bestimmungen der Wiener Übereinkommen, die noch schwerwiegender waren als jene, die sich aus dem Versäumnis ergaben, Maßnahmen zur Verhinderung der Angriffe auf die Unverletzlichkeit dieser Räumlichkeiten und des Personals zu ergreifen.

Nicaragua-Fall (1984/1986)

Militärische und paramilitärische Aktivitäten in und gegen Nicaragua (Nicaragua/USA), Zuständigkeitsentscheidung vom 26. November 1984/Entscheidung in der Sache vom 27. Juni 1986

GEWALTVERBOT – INTERVENTIONSVERBOT – STAATENVERANTWORTLICHKEIT – ZURECHNUNG – ARTIKEL 8 ASR – WIRKSAME KONTROLLE

Sachverhalt: 1979 wurde in Nicaragua das Somoza-Regime durch die linksgerichteten Sandinisten gestürzt. In weiterer Folge bildete sich die nicht-staatliche bewaffnete Gruppe der Contras mit dem Ziel, die die neue Regierung bildenden Sandinisten ihrerseits zu stürzen. Die USA beteiligten sich zum einen auf Seiten der Contras direkt am Konflikt, indem sie selbst militärisch eingriffen, etwa durch Verminung nicaraguanischer Gewässer sowie Angriffe auf nicaraguanische Häfen, Marinestützpunkte und Ölanlagen. Zum anderen beteiligten sich die USA aber auch indirekt, indem sie die Contras maßgeblich unterstützten. So bildeten die USA Contras aus, belieferten sie mit Waffen und leisteten finanzielle Hilfe. Vor diesem Hintergrund brachte Nicaragua 1984 Klage gegen die USA vor dem IGH ein und argumentierte, dass die USA das Gewalt- und Interventionsverbot verletzten.

> **Völkerrecht – nur solange man damit gewinnt!**
>
> „It is better to lose a point now and then in an international tribunal and gain a world in which everyone lives at peace under the rule of law.", sagte einst Dwight D. Eisenhower, der 34. Präsident der USA. Wie *The New York Times* am Tag der Urteilsverkündung im *Nicaragua*-Fall berichtete, erachtete das US-Außenministerium den IGH allerdings für nicht qualifiziert, über komplexe internationale Militärfragen zu entscheiden. Die USA hatten weder am Verfahren selbst teilgenommen, noch erkannten sie das Urteil an. Nicaragua wandte sich gemäß Artikel 94(2) UN-Charta an den UN-Sicherheitsrat, um die Befolgung des Urteils zu erwirken. Ein Resolutionsentwurf, der eine unverzügliche und vollständige Umsetzung des Urteils verlangt hätte, scheiterte allerdings – wenig überraschend – am Veto der USA. So bleibt eines der völkerrechtlich einflussreichsten und bekanntesten Urteile des IGH bis heute unumgesetzt. Darüber hinaus zogen die USA aufgrund der Entscheidung des IGH im *Nicaragua*-Fall ihre Unterwerfungserklärung nach Artikel 36 IGH-Statut zurück. Damit trifft wohl eher das Zitat des 40. Präsidenten der USA und „Nicaragua-Präsidenten" Ronald Reagan zu: „My philosophy of life is that if we make up our mind what we are going to make of our lives, then work hard toward that goal, we never lose."

Rechtsfrage: **(1)** Ist der IGH zuständig? **(2)** Sind die Handlungen der Contras den USA zurechenbar, sodass die USA dafür völkerrechtlich zur Verantwortung gezogen werden können? **(3)** Verletzten die USA durch ihre Unterstützung der Contras das Völkerrecht?

Ergebnis: **(1)** In einer Entscheidung noch im Jahr 1984 bejahte der IGH zunächst seine Zuständigkeit. Die USA hatten sich gemäß Artikel 36 IGH-Statut dem IGH unterworfen, im Zuge dessen allerdings einen Vorbehalt abgegeben. Danach sollte der IGH für Streitigkeiten aus multilateralen Verträgen nur dann zuständig sein, wenn alle betroffenen Vertragsparteien am Verfahren beteiligt sind. Aufgrund dieses Vorbehalts konnte der IGH zwar die Konformität des US-Handelns mit der UN-Charta nicht beurteilen, sehr wohl aber die Konformität mit Völkergewohnheitsrecht. Völkergewohnheitsrechtliche Normen, so der IGH, existieren unabhängig einer parallelen vertragsrechtlichen Geltungsgrundlage, selbst wenn die Normen inhaltsgleich sind. In der Sache selbst fand der IGH, dass die im konkreten Fall vorgebrachten Bestimmungen, insbesondere das Gewalt- und Interventionsverbot sowie das Recht auf Selbstverteidigung, nicht nur vertragsrechtlich, sondern auch völkergewohnheitsrechtlich in Geltung stehen. Zum Nachweis der *opinio iuris* zog der Gerichtshof vor allem Resolutionen der UN-Generalversammlung heran. Im Rahmen des Nachweises der Praxis betonte er, dass diese nicht rigoros der entsprechenden Norm folgen muss, sondern lediglich grundsätzlich in Übereinstimmung mit dieser sein sollte.

(2) Der IGH bestätigte den heute in Artikel 8 ASR verankerten Grundsatz, dass Privathandeln (etwa das Handeln einer nicht-staatlichen bewaffneten Gruppe wie der Contras) als Handlung eines Staats im Sinne des Völkerrechts zu werten ist, wenn die Person oder Personengruppe dabei faktisch im Auftrag oder unter Leitung oder Kontrolle dieses Staats handelt. Dabei legte er einen besonders strengen Zurechnungsmaßstab an. Obwohl im konkreten Fall die USA maßgeblichen Einfluss auf die nicht-staatliche Rebellengruppe der Contras ausübten, waren deren Verletzungen der Menschenrechte und des humanitären Völkerrechts den USA nicht zurechenbar. Die Finanzierung, Ausbildung und Bewaffnung der Contras sowie deren logistische Unterstützung waren für sich genommen nicht zurechnungsbegründend. Diese Form der Unterstützung führt nach Ansicht des IGH lediglich zu einer generellen Kontrolle der nicht-staatlichen Akteure, nicht jedoch zur wirksamen Kontrolle („effective control"), die nach dem heutigen Artikel 8 ASR erforderlich ist. Wirksame Kontrolle verlangt eine genaue Kontrolle des Verlaufs der einzelnen Einsätze, während derer die Völkerrechtsverletzungen stattfinden, durch den Staat, etwa im Sinne einer Befehlskette. Die Contras jedoch verfolgten auch eigene Ziele und hätten die in Frage stehenden Handlungen wohl auch ohne die Unterstützung der USA durchführen können. Der IGH kam daher zum Ergebnis, dass die Contras im eigenen Namen handelten, nicht im Namen der USA. Die USA waren daher nicht verantwortlich für von den Contras begangene Völkerrechtsverletzungen.

> **109.** Der Gerichtshof muss an dieser Stelle feststellen, ob das Verhältnis der Contras zur Regierung der Vereinigten Staaten so sehr von Abhängigkeit auf der einen Seite und Kontrolle auf der anderen Seite geprägt war, dass es richtig wäre, die Contras aus rechtlicher Sicht mit einem Organ oder Vertreter der Regierung der Vereinigten Staaten gleichzusetzen. [...]
>
> **115.** Der Gerichtshof vertrat die Auffassung [...], dass die Beteiligung der Vereinigten Staaten, wenn auch dominierend oder entscheidend, an der Finanzierung, Organisation, Ausbildung, Lieferung und Ausrüstung der Contras, der Auswahl ihrer militärischen oder paramilitärischen Ziele und der Planung ihrer gesamten Operation für sich genommen noch unzureichend ist, auf der Grundlage der dem Gerichtshof vorliegenden Beweise, um den Vereinigten Staaten die von den Contras begangenen Handlungen im Rahmen ihrer militärischen oder paramilitärischen Operationen in Nicaragua zuzurechnen. Alle oben genannten Formen der Beteiligung der Vereinigten Staaten, und selbst die allgemeine Kontrolle des beklagten Staats über die in hohem Maße von ihm abhängige Gruppe, würden für sich genommen ohne weitere Beweise nicht bedeuten, dass die Vereinigten Staaten die Begehung von Verletzungen der Menschenrechte und des humanitären Rechts, die vom beschwerdeführenden Staat behauptet werden, geleitet oder durchgeführt haben. Solche Handlungen könnten durchaus von Mitgliedern der Contras ohne die Kontrolle der Vereinigten Staaten begangen werden. Damit dieses Verhalten die rechtliche Verantwortung der Vereinigten Staaten begründen kann, müsste grundsätzlich nachgewiesen werden, dass dieser Staat wirksame Kontrolle über die militärischen oder paramilitärischen Operationen, bei denen die mutmaßlichen Verletzungen begangen wurden, ausübte.

(3) Der IGH stellte zum einen fest, dass die USA durch ihr eigenes militärisches Eingreifen das Gewaltverbot verletzt hatten. Zentrale Frage war allerdings, ob Staaten auch dann gegen das Gewaltverbot verstoßen, wenn sie zwar selbst keine Gewalt ausüben, jedoch jemand anderen bei der Gewaltausübung unterstützen. Dabei differenzierte der IGH zunächst zwischen den schwerwiegendsten Formen der Gewaltanwendung und anderen, weniger schwerwiegenden Formen. Zu deren Definition berief er sich insbesondere auf die Friendly Relations Declaration von 1970 und die Resolution zur Definition der Aggression von 1974. Unter erstere, schwerwiegendste Gewaltanwendungen fallen etwa Angriffe durch Streitkräfte, aber auch das Entsenden bewaffneter Gruppen, die ihrerseits Angriffe gegen einen Staat ausführen. Diese verstoßen nicht nur gegen das Gewaltverbot, sondern können gleichzeitig auch als „bewaffnete Angriffe" qualifiziert werden, gegen die Selbstverteidigung geübt werden darf. Zweitere, weniger schwerwiegende Gewaltanwendungen, worunter vor allem auch indirekte Gewaltanwendung wie die Organisation, Anstiftung oder Unterstützung von Bürgerkriegs- oder Terrorhandlungen in einem anderen Staat fallen, gelten zwar nicht als „bewaffnete Angriffe", verstoßen aber sehr wohl gegen das Gewaltverbot. In diesem Sinne qualifizierte der IGH die Ausbildung der Contras durch die USA und die Waffenlieferungen als indirekte Gewaltanwendung und damit als einen Verstoß gegen das Gewaltverbot. Im Gegensatz dazu wertete er die finanziellen Zuwendungen der USA an die Contras lediglich als Verstoß gegen das Interventionsverbot, nicht aber gegen das Gewaltverbot. In Summe waren die USA zwar mangels Zurechnung nicht für die von den Contras begangenen Völkerrechtsverletzungen verantwortlich, sehr wohl aber für eigenen Handlungen sowie ihre Unterstützung der Contras.

> **195.** [...] Der Gerichtshof sieht keinen Grund zu verneinen, dass nach Gewohnheitsrecht das Verbot bewaffneter Angriffe auf die Entsendung eines Staats von bewaffneten Gruppen in das Hoheitsgebiet eines anderen Staats Anwendung finden kann, wenn ein solcher Einsatz aufgrund seines Umfangs und seiner Auswirkungen als bewaffneter Angriff und nicht als bloßer Grenzzwischenfall eingestuft worden wäre, wäre er von regulären Streitkräften durchgeführt worden. Der Gerichtshof ist jedoch nicht der Ansicht, dass das Konzept des „bewaffneten Angriffs" nicht nur in erheblichem Umfang stattfindende Handlungen bewaffneter Gruppen umfasst, sondern auch die Unterstützung von Rebellen in Form der Bereitstellung von Waffen oder logistischer oder anderweitiger Hilfe. Eine solche Unterstützung kann als Gewaltandrohung oder -anwendung angesehen werden, oder kann eine Intervention in die inneren oder äußeren Angelegenheiten anderer Staaten darstellen. [...]

Lockerbie-Fälle (1992)

Fragen der Auslegung und Anwendung des Montrealer Abkommens 1971 als Folge des Luftzwischenfalls bei Lockerbie (Libyen/Vereinigtes Königreich; Libyen/USA), Entscheidung vom 14. April 1992

AB

VORSORGLICHE MASSNAHMEN – RECHTMÄSSIGKEIT VON BESCHLÜSSEN DES UN-SICHERHEITSRATS – ARTIKEL 103 UN-CHARTA

Sachverhalt: In den *Lockerbie*-Fällen ging es um das Auslieferungsbegehren des Vereinigten Königreichs und der USA hinsichtlich zweier libyscher Staatsangehöriger. Diese standen im Verdacht, den Anschlag auf das über der schottischen Ortschaft Lockerbie gesprengte Boeing-747-Passagierflugzeug Pan Am Flug 103 im Jahr 1988 geplant und durchgeführt zu haben, bei dem 270 Menschen ums Leben kamen, 11 davon am Boden. Nachdem Libyen die Auslieferung verweigerte, erließ der Sicherheitsrat Resolution 748 (1992) nach Kapitel VII, derzufolge ohne weitere Verzögerung dem Auslieferungsbegehren nachzukommen ist. Libyen sah darin allerdings eine Verletzung des Übereinkommens zur Bekämpfung widerrechtlicher Handlungen gegen die Sicherheit der Zivilluftfahrt (das Montrealer Abkommen von 1971), das dem Grundsatz *aut dedere aut iudicare* ("entweder ausliefern oder verfolgen") folgt. Entsprechend hätte Libyen zwischen der selbständigen Verfolgung der Tatverdächtigen oder deren Auslieferung wählen können. Da die Auslieferungsverpflichtung dem vertragsrechtlichen Rahmen des Montrealer Abkommens entgegenstand, wandte sich Libyen an den IGH, um vorsorgliche Maßnahmen gegen den Beschluss des Sicherheitsrats zu erwirken.

Rechtsfrage: Kann die Rechtmäßigkeit von Beschlüssen des UN-Sicherheitsrats vom IGH überprüft werden?

Ergebnis: Der Gerichtshof verwies auf Artikel 103 UN-Charta, wonach die Verpflichtungen aufgrund der UN-Charta – und damit auch Beschlüsse des Sicherheitsrats als Vertragsorgan – Anwendungsvorrang genießen. Während er es in diesem Stadium des Verfahrens nicht für notwendig befand, Resolution 748 (1992) einer inhaltlichen Prüfung zu unterziehen, schloss er eine solche für das Hauptverfahren jedenfalls nicht explizit aus. Da der Disput in weiterer Folge außergerichtlich beigelegt wurde, kam es allerdings zu keiner weiteren Auseinandersetzung mit dieser Frage. Ob der IGH bei einer ähnlich gelagerten Konstellation im Hauptverfahren die Rechtmäßigkeit eines Beschlusses des Sicherheitsrats überprüfen würde, bleibt damit offen.

Nuklearwaffen-Gutachten (1996)

Rechtmäßigkeit der Androhung des Einsatzes oder des Einsatzes von Atomwaffen, Rechtsgutachten vom 8. Juli 1996

A9

Gewaltverbot – Selbstverteidigung – Verhältnismässigkeit – humanitäres Völkerrecht – Prinzip der Unterscheidung – Verbot, Kombattanten unnötiges Leid zuzufügen – *non-liquet*

Sachverhalt: Die Weltgesundheitsorganisation (WHO) sowie die UN-Generalversammlung legten dem IGH jeweils 1993 und 1994 die Frage der Rechtmäßigkeit des Einsatzes von Atomwaffen vor. Der IGH lehnte den Antrag der WHO wegen Unzuständigkeit ab. Zwar hat die WHO nach Artikel 96(2) der UN-Charta generell die Befugnis, einen Gutachtenantrag zu stellen, jedoch fällt die Frage der Rechtmäßigkeit des Einsatzes von Atomwaffen (im Unterschied zu dessen Auswirkungen auf die Gesundheit) nicht in die Aufgabenbereiche der WHO, weshalb sie auch keinen entsprechenden Gutachtenantrag stellen kann. Daher wurde das *Nuklearwaffen*-Gutachten letztlich auf Grundlage des Antrags der UN-Generalversammlung erstellt.

Rechtsfrage: Ist die Androhung des Einsatzes oder der Einsatz von Atomwaffen unter bestimmten Umständen völkerrechtlich erlaubt?

Ergebnis: Weder das Gewaltverbot noch das Selbstverteidigungsrecht nehmen Bezug auf spezielle Waffenkategorien und sind daher auch auf Nuklearwaffen anwendbar. In diesem Sinne muss der Einsatz von Nuklearwaffen zu Selbstverteidigungszwecken insbesondere auch den Bedingungen der Erforderlichkeit und Verhältnismäßigkeit genügen. Das Verhältnismäßigkeitsprinzip, so der IGH, schließt den Einsatz nuklearer Waffen zur Selbstverteidigung nicht in jedem Fall aus. Allerdings muss jeder Einsatz militärischer Gewalt auch in Übereinstimmung mit dem Recht des bewaffneten Konflikts, insbesondere dem humanitären Völkerrecht, erfolgen. In diesem Zusammenhang stellte der IGH zwei „Kardinalprinzipien" („cardinal principles") der Kriegsführung fest. Zum einen nannte er das Prinzip der Unterscheidung, nach dem Konfliktparteien streng zwischen Zivilisten und Kombattanten beziehungsweise zwischen militärischen und nicht-militärischen Angriffszielen unterscheiden müssen. Während Zivilisten und zivile Einrichtungen niemals direkt angegriffen werden dürfen, stellen Kombattanten und militärische Einrichtungen wiederum legitime Ziele dar. Zum anderen nannte er das Verbot, Kombattanten unnötiges Leid zuzufügen. Im Hinblick auf die einzigartigen Eigenschaften von Nuklearwaffen, insbesondere deren katastrophale Auswirkungen, fand der IGH, dass diese kaum als mit den genannten Regeln vereinbar angesehen werden können. Der IGH kam daher zum Ergebnis, dass die Androhung des Einsatzes und der Einsatz nuklearer Waffen grundsätzlich gegen das Völkerrecht verstoßen. Darüber hinaus konnte er jedoch auf Grundlage des zum Zeitpunkt der Entscheidung geltenden Völkerrechts nicht endgültig feststellen, ob der Einsatz von Nuklearwaffen in einer „Extremsituation des Selbstverteidigungsrechts", in der das „Überleben" eines Staats auf dem Spiel steht", rechtmäßig oder unrechtmäßig ist. Teils wird darin ein *non liquet* gesehen, also eine Situation, in der aufgrund des Fehlens einer entsprechenden rechtlichen Bestimmung keine abschließende Aussage hinsichtlich einer Rechtsfrage getroffen werden kann. Jedenfalls identifizierte der IGH eine Verhandlungspflicht zur Denuklearisierung.

> **95.** […] Eben, wie der Gerichtshof bereits angedeutet hat, unterwerfen die Grundsätze und Regeln des bei bewaffneten Konflikten anwendbaren Rechts – zu deren Kernstück die vorrangige Erwägung der Menschlichkeit gehört – die Durchführung bewaffneter Handlungen einer Reihe strenger Anforderungen. So sind Methoden und Mittel der Kriegsführung verboten, die eine Unterscheidung zwischen zivilen und militärischen Zielen unmöglich machen oder in unnötigem Leid für Kombatanten resultieren würden. In Anbetracht der einzigartigen Eigenschaften von Kernwaffen, […] scheint der Einsatz solcher Waffen mit der Einhaltung dieser Anforderungen tatsächlich kaum vereinbar zu sein. Der Gerichtshof ist jedoch der Ansicht, dass er nicht über ausreichende Anhaltspunkte verfügt, um mit Sicherheit feststellen zu können, dass der Einsatz von Kernwaffen notwendigerweise und unter allen Umständen den Grundsätzen und Regeln des in bewaffneten Konflikten anwendbaren Rechts widerspricht.
>
> **96.** Darüber hinaus darf der Gerichtshof das grundsätzliche Recht eines jeden Staats auf Überleben und damit das Recht des Staats, sich auf Selbstverteidigung gemäß Artikel 51 der Charta zu berufen, wenn sein Überleben auf dem Spiel steht, nicht außer Betracht lassen. […]
>
> **97.** Dementsprechend wird der Gerichtshof angesichts des gegenwärtigen Stands des Völkerrechts in seiner Gesamtheit […] und der ihm zur Verfügung stehenden Tatsachen zur Feststellung veranlasst, dass er keine endgültige Schlussfolgerung über die Rechtmäßigkeit oder Unrechtmäßigkeit des Einsatzes von Kernwaffen durch einen Staat in extremen Fällen der Selbstverteidigung, in denen dessen Überleben auf dem Spiel stehen würde, ziehen kann.

Uneinigkeit im IGH?

Die Feststellung des IGH, dass ein Nuklearwaffeneinsatz zwar grundsätzlich, aber nicht unbedingt gegen das Völkerrecht verstößt, war besonders umstritten. So nahm jeder einzelne Richter das Recht in Anspruch, dem Urteil eine Erklärung, eine „separate opinion" (Einzelmeinung) oder eine „dissenting opinion" (abweichende Meinung) hinzuzufügen. Der wichtigste Teil der Entscheidung selbst wurde von 7 Richtern befürwortet und von 7 Richtern abgelehnt. Nach Artikel 55(2) IGH-Statut gibt in solchen Situationen die Stimme des

Präsidenten den Ausschlag. Im konkreten Fall war das die „Ja-Stimme" des algerischen Richters Mohammed Bedjaoui, IGH-Präsident zwischen 1994 und 1997. Zu einer solchen Stimmengleichheit kam es auch im bekannten *Lotus*-Fall, in dem die Stimme des Schweizer Richters und Präsidenten des Ständigen Internationalen Gerichtshofs zwischen 1925 und 1927, Max Huber, den Ausschlag gab.

Gabčíkovo-Nagymaros-Fall (1997)

Gabčíkovo-Nagymaros Projekt (Ungarn/Slowakei), Entscheidung vom 25. September 1997

STAATENNACHFOLGE – VERTRAGSRECHT – GRUNDLEGENDE VERÄNDERUNG DER UMSTÄNDE – *CLAUSULA REBUS SIC STANTIBUS* – STAATENVERANTWORTLICHKEIT – NOTSTAND – FAIRE UND ANGEMESSENE BENÜTZUNG – NACHHALTIGE ENTWICKLUNG („SUSTAINABLE DEVELOPMENT")

Sachverhalt: Der Fall betraf die Errichtung eines Staudammprojekts auf der Donau zwischen dem slowakischen Gabčíkovo und dem ungarischen Nagymaros. 1977 wurde ein Vertrag über den Bau und den Betrieb des Schlosssystems Gabčíkovo-Nagymaros zwischen Ungarn und der Tschechoslowakei abgeschlossen, der im folgenden Jahr in Kraft trat. Der Vertrag sowie die Vereinbarung über seine Umsetzung sahen zwei Schleusenreihen vor, eine in Gabčíkovo und eine in Nagymaros, sowie einen Damm und ein Reservoir in Dunakiliti auf ungarischem Gebiet. Die Belastung durch Finanzierung, Bau und Betrieb sollte von beiden Parteien zu gleichen Teilen getragen werden. Der Bau begann sogleich, wurde aber 1983 auf ungarische Initiative hin verzögert. In Ungarn hatte sich eine Umweltprotestbewegung gegen das Projekt gebildet, die es zu einem Symbol kommunistischer Unterdrückung stilisierte und so das Regime unter Druck setzte. 1989 beschloss Ungarn schließlich, die Arbeiten in Nagymaros und in Dunakiliti ganz einzustellen. Daraufhin entschloss sich die Tschechoslowakei, als „provisorische Lösung" die „Variante C" als Alternative zum ursprünglichen Plan umzusetzen, mit deren Bau 1991 begonnen wurde. „Variante C" führte dazu, dass die Tschechoslowakei 90% des Wassers aus dem alten Flussbett ableitete – mit katastrophalen Folgen für die Umwelt. Daher kündigte Ungarn den Vertrag von 1977 mit Wirkung zum 25. Mai 1992. Nach ersten erfolglosen Versuchen Ungarns, die Angelegenheit vor den IGH zu bringen, konnte 1993 mit der nunmehr eigenständigen Slowakei eine Sondervereinbarung über die Vorlage an den IGH getroffen werden. Geklärt werden sollte, ob Ungarn berechtigt war, die Arbeiten einzustellen, ob die Errichtung und Inbetriebnahme der „Variante C" durch die Tschechoslowakei rechtmäßig war und welche Wirkungen die Kündigung des Vertrags von 1977 durch Ungarn hatte. Der IGH musste sich entsprechend mit einer Reihe von Fragen des Vertragsrechts, der Staatenverantwortlichkeit sowie des Umweltvölkerrechts auseinandersetzen.

Rechtsfrage: **(1)** Trat der Vertrag von 1977 durch die Dismembration der Tschechoslowakei außer Kraft? **(2)** Kann ein politischer Systemwechsel eine grundlegende Veränderung der Umstände darstellen, die den Vertrag außer Kraft setzt? **(3)** War der ungarische Vertragsbruch der Einstellung des Projekts durch Notstand gedeckt? **(4)** Ist das Prinzip der fairen und angemessenen Benützung auch auf den sonstigen (nicht-schifffahrtlichen) Gebrauch von Wasserläufen anwendbar?

Reisebüro IGH

Im Fall kam es auf Anregung der Parteien zur ersten Beweiserhebung vor Ort durch den IGH, die insgesamt vier Tage andauerte. Dies ist dem Gerichtshof nach Artikel 66 seiner Regeln in Verbindung mit Artikel 44(2) IGH-Statut möglich.

Ergebnis: (1) Der IGH sah im Vertrag von 1977 einen radizierten (also gebietsbezogenen) Vertrag, nachdem dieser neben dem Staudammprojekt auch die Nutzung der Donau regelte. Dabei hielt er fest, dass es sich bei Artikel 12 des WIENER ÜBEREINKOMMENS ÜBER DIE STAATENNACHFOLGE IN VERTRÄGE, nach dem die sich aus radizierten Verträgen ergebenden Verpflichtungen auf den Nachfolger übergehen, Völkergewohnheitsrecht kodifiziert. Entsprechend ging der Vertrag mit der Dismembration der Tschechoslowakei unmittelbar auf die Slowakei über.

(2) Ungarn wandte ein, dass insbesondere der politische Systemwechsel im Land (vom Kommunismus zu einer parlamentarischen Demokratie) eine grundlegende Veränderung der Umstände darstelle. Da sowohl Ungarn, als auch die Slowakei die WVK erst nach Abschluss des Vertrags von 1977 ratifiziert hatten, musste der IGH aufgrund des Rückwirkungsverbots des Artikels 4 WVK das Völkergewohnheitsrecht als Quelle des Vertragsrechts heranziehen. Dabei nahm er an, dass die Regeln der Artikel 60 bis 62 WVK zur Vertragsbeendigung großteils Völkergewohnheitsrecht darstellen. Obwohl der IGH die mögliche Relevanz solcher politischen Umstände als grundlegende Veränderung der Umstände bejahte, sah er im gegenständlichen Fall keinen unmittelbaren Zusammenhang zur Sache. Entsprechend sah das Gericht diesen Beendigungsgrund nicht als gegeben an.

(3) Der IGH bejahte, dass Umweltbedenken ein wesentliches Interesse im Sinne des Notstands darstellen können. Allerdings lag nach Ansicht des IGH weder eine schwere und unmittelbar drohende Gefahr vor, noch war der Vertragsbruch die einzige Möglichkeit zur Abwendung der Gefahr, weshalb sich Ungarn nicht auf den Rechtswidrigkeitsausschließungsgrund des Notstands berufen konnte.

(4) Der IGH qualifizierte die faire und angemessene Benützung auch für den sonstigen (nicht-schifffahrtlichen) Gebrauch von Wasserläufen als Völkergewohnheitsrecht. Auch verwies der IGH darauf, dass das Konzept nachhaltiger Entwicklung („sustainable development") die Notwendigkeit der Balance zwischen Fortschritt und Umweltschutz treffend zum Ausdruck bringt. Dies sollten die Parteien in der Verhandlung einer einvernehmlichen Lösung berücksichtigen.

> **140.** Für die Zwecke des vorliegenden Falles bedeutet dies, dass sich die Parteien neuerlich gemeinsam die Auswirkungen des Gabčíkovo-Kraftwerksbetriebs auf die Umwelt ansehen sollten. Insbesondere müssen sie eine zufriedenstellende Lösung für die Wassermenge finden, die in das alte Donaubett und in die Seitenarme auf beiden Seiten des Flusses eingeleitet wird.
>
> **141.** Es ist nicht Sache des Gerichtshofs, was das Endergebnis dieser von den Parteien zu führenden Verhandlungen sein soll. Es liegt an den Vertragsparteien selbst, eine vereinbarte Lösung zu finden, die den Zielen des Vertrags, die gemeinsam und integriert verfolgt werden müssen, sowie den Normen des internationalen Umweltrechts und den Grundsätzen des Rechts der internationalen Wasserläufe Rechnung trägt. [...]

Eine unendliche Geschichte?

Der IGH hielt die Parteien an, im Sinne des Vertrags von 1977 eine einvernehmliche Lösung des Konflikts anzustreben. Bereits 1998 ersuchte die Slowakei den IGH um ein weiteres Urteil, setzte dieses Ersuchen allerdings wenig später aus. Unter anderem aufgrund diverser politischer Verspannungen konnte bis heute keine Lösung des Konflikts gefunden werden. Es handelt sich damit um den am längsten vor dem IGH anhängigen Fall.

LaGrand-Fall (2001)

LaGrand (Deutschland/USA), Entscheidung vom 27. Juni 2

21

ARTIKEL 36 WKK – „PROCEDURAL DEFAULT"-REGEL – GARANTIEN
SORGLICHE MASSNAHMEN – VERTRAGSINTERPRETATION – AUTHENTISC

[Handschriftliche Notiz:]
präkludieren
= jemandem die
(verspätete) Geltend-
machung eines
Rechts (mittels, -anspruch)
wegen Versäumnis
einer Präklusivfrist
gerichtlich verweigern

dwigen/
Rechte

Sachverhalt: Zwei deutsche Staatsbürger, Walter und Karl LaGrand, wurden 1982 in den USA zur Todesstrafe verurteilt. Allerdings hatten es die zuständigen Behörden verabsäumt, die beiden darüber zu informieren, dass ihnen gemäß Artikel 36 WKK ein Recht auf Verständigung des deutschen Konsulats zusteht. Obwohl dieser Verfahrensmangel nachträglich festgestellt wurde, konnte er aufgrund einer **präkludierenden** Verfahrensregel im US-Recht („procedural default"-Regel) nicht mehr beanstandet werden. Nachdem Karl LaGrand bereits hingerichtet worden war, wandte sich Deutschland an den IGH. Die USA hatten zwar in der Zwischenzeit ihre Unterwerfungserklärung im Zusammenhang mit dem *Nicaragua*-Fall zurückgezogen, doch unterlagen sie aufgrund des Fakultativprotokolls zur WKK hinsichtlich dieser der Gerichtsbarkeit des IGH (2005 zogen sich die USA auch von diesem Protokoll zurück). Der IGH erließ zunächst vorsorgliche Maßnahmen, wonach die USA „alle verfügbaren Maßnahmen treffen sollen, um sicherzustellen, dass Walter LaGrand bis zur endgültigen Entscheidung in diesem Verfahren" nicht exekutiert wird. Die Todesstrafe wurde dennoch vollzogen.

> **Giftgas oder Giftspritze**
> Sowohl Walter als auch Karl LaGrand hatten sich bei der Wahl zwischen Giftspritze oder Gaskammer aus prozesstaktischen Gründen für letztere, schmerzvollere Hinrichtungsmethode entschieden. Dabei hatten sie erhofft, dass der Oberste Gerichtshof der USA diese Methode als grausame und ungewöhnliche Strafe ablehnen würde. Nachdem dies zu keinem Erfolg für die Brüder führte, entschied sich Karl LaGrand für die Giftspritze. Walter LaGrand blieb – anscheinend auch, um als deutscher Staatsbürger zu provozieren – bei seiner Entscheidung, was aufgrund des historischen Hintergrunds dieser Tötungsmethode breite Diskussionen auslöste. LaGrand ist damit auch die letzte Person, die in den USA in einer Gaskammer hingerichtet wurde.

Rechtsfrage: (1) Verletzten die USA Artikel 36 WKK? (2) Verletzten die USA durch die Nichtbefolgung der vorsorglichen Maßnahmen das Völkerrecht?

Ergebnis: (1) Der IGH stellte zunächst fest, dass die USA ihre in Artikel 36 WKK normierte Verpflichtung zur Unterrichtung der konsularischen Behörden missachtet hatten. Nach Ansicht des IGH lässt Artikel 36 WKK nicht nur den Staaten als Vertragsparteien der WKK Rechte zukommen, sondern auch Individuen selbst. Diese subjektiven Rechte können im Rahmen des diplomatischen Schutzrechts vom jeweiligen Heimatstaat des Individuums vor dem IGH geltend gemacht werden. In diesem Sinne verletzten die USA durch Nichtunterrichtung der konsularischen Behörden nicht nur die Deutschland aus Artikel 36 WKK erwachsenden Rechte, sondern auch jene der LaGrands selbst. Darüber hinaus entschied der Gerichtshof, dass auch die Anwendung der präkludierenden Verfahrensregel (die „procedural default"-Regel) im gegenständlichen Fall Artikel 36 WKK verletzte, weil die Verurteilung der beiden Brüder von

Seiten des Konsuls nicht mehr effektiv bekämpft werden konnte und die Durchsetzung der in Artikel 36 WKK verankerten Rechte vereitelt worden war. Der IGH hielt vor allem aufgrund der schweren Folgen der Völkerrechtsverletzung Garantien der Nichtwiederholung gegenüber Deutschland für notwendig. In diesem Sinne stellten die USA unter anderem Informationsbroschüren und Fortbildungen für Polizei und Justiz bereit. Der spätere *Avena*-Fall aus dem Jahr 2004 (siehe S. 73) machte allerdings deutlich, dass die USA ihre präkludierende Verfahrensregel auch in Folge des *LaGrand*-Falls nicht revidiert hatten.

> **77.** Der Gerichtshof stellt fest, dass Artikel 36 Absatz 1 (b) die Verpflichtungen des Empfangsstaats gegenüber der inhaftierten Person und dem Sendestaat festlegt. […] Bezeichnenderweise endet dieser Unterabsatz mit folgendem Wortlaut: „Diese Behörden haben den Betroffenen unverzüglich über *seine Rechte* auf Grund dieser Bestimmung zu unterrichten" (Hervorhebung hinzugefügt). […] Die Deutlichkeit dieser Bestimmungen, in ihrem Kontext betrachtet, lässt keine Zweifel offen. […] Auf der Grundlage des Wortlauts dieser Bestimmungen kommt der Gerichtshof zum Schluss, dass Artikel 36 Absatz 1 individuelle Rechte schafft, die nach Artikel 1 des Fakultativprotokolls vom Heimatstaat der inhaftierten Person vor diesem Gericht geltend gemacht werden können. Diese Rechte wurden im vorliegenden Fall verletzt.

(2) Der IGH hielt unter Betonung von Ziel und Zweck des IGH-Statuts und der französischen Fassung fest, dass vorsorglichen Maßnahmen bindende Wirkung zukommt. Im Gegensatz zur englischen Fassung des IGH-Statuts, die in Artikel 41 davon spricht, dass vorsorgliche Maßnahmen die Rechte der betroffenen Partei schützen „sollen" („ought"), verwendet die französische Fassung das Wort „müssen" („devoir"). Daher stellte auch die Nichtbefolgung der vorsorglichen Maßnahmen durch die Hinrichtung von Walter LaGrand eine Völkerrechtsverletzung dar.

> **101.** […] Im Falle von Abweichungen zwischen gleichermaßen verbindlichen Fassungen des [IGH-]Statuts findet sich weder im Statut selbst noch in der [UN-]Charta ein Anhaltspunkt, wie vorzugehen ist. In Ermangelung einer diesbezüglichen Vereinbarung zwischen den Parteien ist es angebracht, sich auf Artikel 33 Absatz 4 des Wiener Übereinkommens über das Recht der Verträge zu beziehen, der nach Ansicht des Gerichtshofs Völkergewohnheitsrecht widerspiegelt. Diese Bestimmung lautet: „wenn ein Vergleich der authentischen Texte einen Bedeutungsunterschied aufdeckt, der durch die Anwendung der Artikel 31 und 32 nicht ausgeräumt werden kann, [wird] diejenige Bedeutung zugrunde gelegt, die unter Berücksichtigung von Ziel und Zweck des Vertrags die Wortlaute am besten miteinander in Einklang bringt." […]
>
> **102.** Ziel und Zweck des Statuts ist es, dem Gerichtshof zu ermöglichen, die darin vorgesehenen Aufgaben, insbesondere die grundlegende Funktion der gerichtlichen Beilegung internationaler Streitigkeiten durch verbindliche Entscheidungen nach Artikel 59 der Charta, zu erfüllen. Der Kontext, in dem Artikel 41 innerhalb des Statuts zu verstehen ist, macht klar, dass die Beeinträchtigung des Gerichtshofs in der Ausübung seiner Aufgaben dadurch verhindert wird, dass die jeweiligen Rechte der Parteien einer Streitigkeit vor dem Gerichtshof nicht gewahrt bleiben. Aus Ziel und Zweck des Statuts sowie aus den Bestimmungen des Artikel 41, in ihrem Kontext verstanden, ergibt sich, dass die Befugnis, vorläufige Maßnahmen anzuordnen, miteinschließt, dass diese Maßnahmen verbindlich sein sollen, zumal die in Frage stehende Befugnis auf der Notwendigkeit beruht, wenn es die Umstände erfordern, die durch das endgültige Urteil des Gerichtshofs festgelegten Rechte der Parteien zu schützen und deren Beeinträchtigung zu vermeiden. Die Behauptung, dass die in Artikel 41 genannten vorläufigen Maßnahmen nicht verbindlich seien, stünde im Widerspruch zu Ziel und Zweck des genannten Artikels.

Haftbefehl-Fall (2002)

Haftbefehl vom 11. April 2000 (Demokratische Republik Kongo/Belgien), Entscheidung vom 14. Februar 2002

22

HAFTBEFEHL – IMMUNITÄT HÖCHSTER STAATSORGANE – AUSSENMINISTER

Sachverhalt: Auf Grundlage des Universalitätsprinzips erließ ein belgisches Gericht einen Haftbefehl gegen den zu diesem Zeitpunkt amtierenden kongolesischen Außenminister aufgrund von Verstößen gegen humanitäres Völkerrecht. Die Demokratische Republik Kongo erhob Klage gegen Belgien vor dem IGH und brachte vor, Belgien habe damit die völkerrechtlichen Bestimmungen zur Immunität und Unverletzlichkeit ihres Außenministers verletzt.

Rechtsfrage: Wie weit reicht die Immunität und Unverletzlichkeit eines amtierenden Außenministers?

Ergebnis: Der IGH stellte fest, dass zentrale Organe nach Völkergewohnheitsrecht während ihrer Amtszeit absolute Immunität und Unverletzlichkeit genießen, auch wenn ein strafrechtlich relevanter Erfolg bereits vor dieser Amtszeit eingetreten ist. Zugleich hielt der IGH aber fest, dass dies nicht notwendigerweise zu Straflosigkeit führt, weil die Immunität kein nationales Verfahren im Heimatland ausschließt und der Heimatstaat auf die Immunität verzichten kann. Des Weiteren wirkt die Immunität nach Ende der Amtszeit nur funktionell fort und schon gar nicht mehr hinsichtlich eines strafrechtlich relevanten Erfolgs, der bereits vor der Amtszeit eingetreten ist (siehe Grafik). Zudem hindert Immunität internationale Tribunale wie den Internationalen Strafgerichtshof nicht an der Ausübung ihrer Gerichtsbarkeit.

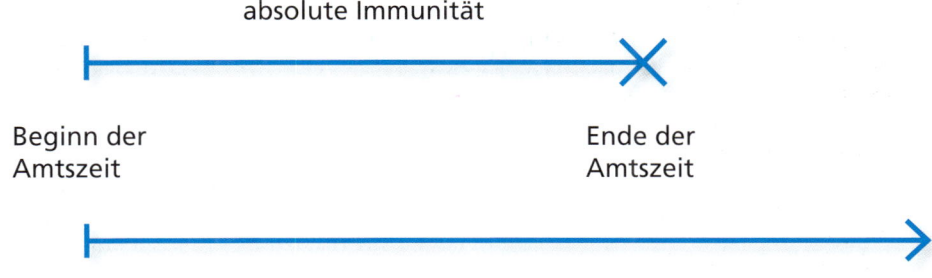

Da es sich allerdings im *Haftbefehl*-Fall um einen nationalen Haftbefehl handelte, kam der IGH letztlich zum Ergebnis, dass Belgien die Immunität des kongolesischen Außenministers verletzt hatte. Entsprechend ordnete der IGH an, dass Belgien im Wege der rechtlichen Restitution den Haftbefehl gegen den Außenminister der Demokratischen Republik Kongo außer Kraft zu setzen hat.

> **53.** Im Völkergewohnheitsrecht werden die den Außenministern eingeräumten Immunitäten nicht zu ihrem persönlichen Vorteil gewährt, sondern um die wirksame Wahrnehmung ihrer Aufgaben im Namen ihrer jeweiligen Staaten zu gewährleisten. Um die Reichweite dieser Immunitäten zu bestimmen, muss das Gericht daher zunächst die Art der von einem Außenminister ausgeübten Aufgaben berücksichtigen. [...]

54. Der Gerichtshof gelangt daher zu dem Schluss, dass die Aufgaben eines Außenministers so beschaffen sind, dass er die gesamten Dauer seines Amtes hindurch uneingeschränkte Immunität von der Strafgerichtsbarkeit sowie Unverletzlichkeit genießt, wenn er oder sie sich im Ausland befindet. [...]

55. Insofern kann keine Unterscheidung getroffen werden zwischen Handlungen, die von einem Außenminister in „offizieller" Eigenschaft ausgeübt werden, und solchen, von denen behauptet wird, sie seien in „privater" Eigenschaft ausgeübt worden, oder, darüber hinaus, zwischen Handlungen, die vor dem Amtsantritt als Außenminister begangen wurden, und Handlungen, die während der Amtszeit begangen wurden. Wenn also ein Außenminister in einem anderen Staat aufgrund einer Strafanzeige verhaftet wird, ist er oder sie damit eindeutig an der Ausübung der Funktionen seines oder ihres Amtes gehindert. Die Folgen einer solchen Behinderung bei der Ausübung dieser offiziellen Funktionen sind gleichermaßen schwerwiegend, unabhängig davon, ob der Außenminister zum Zeitpunkt der Verhaftung im Hoheitsgebiet des festnehmenden Staats im Rahmen eines „offiziellen" Besuchs oder eines „privaten" Besuchs anwesend war, unabhängig davon, ob sich die Verhaftung auf Handlungen bezieht, die angeblich begangen wurden, bevor die Person Außenminister wurde, oder auf Handlungen, die während ihrer Amtszeit begangen wurden, und unabhängig davon, ob sich die Verhaftung auf angebliche Handlungen bezieht, die in einer „offiziellen" Eigenschaft oder einer „privaten" Eigenschaft begangen wurden. [...]

60. Der Gerichtshof betont jedoch, dass die Immunität von der Gerichtsbarkeit, die amtierende Außenminister genießen, nicht bedeutet, dass sie für alle Straftaten, die sie hätten begehen können, ungeachtet ihrer Schwere, ungestraft davonkommen. Immunität von der Strafgerichtsbarkeit und individuelle strafrechtliche Verantwortung sind recht unterschiedliche Konzepte. Während die Immunität prozessualer Natur ist, ist die strafrechtliche Verantwortung eine Frage des materiellen Rechts. Immunität von der Gerichtsbarkeit kann sehr wohl die Strafverfolgung für einen bestimmten Zeitraum oder für bestimmte Straftaten aussetzen; sie kann die Person, der sie zukommt, nicht von aller strafrechtlichen Verantwortung befreien.

Erstens genießen diese Personen nach Völkerrecht keine strafrechtliche Immunität in ihren eigenen Staaten und können daher von den Gerichten dieser Staaten nach den einschlägigen Regeln des nationalen Rechts verfolgt werden.

Zweitens verlieren sie den Genuss der Immunität von der ausländischen Gerichtsbarkeit, wenn der Staat, den sie vertreten oder vertreten haben, beschließt, auf diese Immunität zu verzichten.

Drittens, sobald eine Person das Amt des Außenministers nicht mehr innehat, genießt sie nicht mehr sämtliche Immunitäten, die durch das Völkerrecht in anderen Staaten gewährt werden. Vorausgesetzt, dass es völkerrechtlich zuständig ist, kann ein Gericht eines Staats einen ehemaligen Außenminister eines anderen Staats wegen Handlungen verfolgen, die vor oder nach seiner Amtszeit begangen wurden, sowie wegen Handlungen, die während dieser Amtszeit in privater Eigenschaft begangen wurden.

Viertens kann ein amtierender oder ehemaliger Außenminister Strafverfahren vor bestimmten internationalen Strafgerichten ausgesetzt sein, sofern diese zuständig sind. [...]

Mauerbau-Gutachten (2004)

Rechtliche Konsequenzen des Baus einer Mauer in den besetzten palästinensischen Gebieten, Rechtsgutachten vom 9. Juli 2004

23

IUS COGENS – ERGA OMNES-VERPFLICHTUNGEN – SELBSTVERTEIDIGUNG GEGEN NICHT-STAATLICHE AKTEURE – VERHÄLTNIS HUMANITÄRES VÖLKERRECHT UND MENSCHENRECHTE – EXTRATERRITORIALE ANWENDBARKEIT VON MENSCHENRECHTEN

Sachverhalt: Im Jahr 2002 begann Israel mit dem Bau einer Absperrung (teils als Zaun, teils als Mauer) zwischen seinem Territorium und dem besetzten, hauptsächlich von Palästinensern bewohnten Westjordanland. Erklärtes Ziel der Absperrung war der Schutz Israels vor vom Westjordanland ausgehenden Anschlägen. Die Absperrung, die großteils auf dem Westjordanland verläuft, hat gravierende Folgen für die dort ansäßige palästinensische Bevölkerung (unter anderem Zugang zu Schulen, Krankenhäusern, Feldern, Arbeitsplätzen). Im Jahr 2003 wandte sich die UN-Generalversammlung daher an den IGH, um die völkerrechtlichen Aspekte des Baus der Absperrung zu klären. In diesem Gutachten stellte der IGH Verletzungen des Selbstbestimmungsrechts der palästinensischen Bevölkerung, des humanitären Völkerrechts und des internationalen Menschenrechtsschutzes durch Israel fest.

Rechtsfrage: (1) Sind internationale Menschenrechtsabkommen im von Israel besetzten Westjordanland anwendbar? **(2)** Kann Israel gegen von nicht-staatlichen Akteuren ausgehende Angriffe das Selbstverteidigungsrecht ausüben? **(3)** Was sind die Folgen der Völkerrechtsverletzung seitens Israel?

Ergebnis: (1) Viele Menschenrechtsinstrumente enthalten Einschränkungen bezüglich deren territorialer Anwendbarkeit. So sieht auch Artikel 2(1) ICCPR vor, dass jeder Vertragsstaat verpflichtet ist, die im Pakt anerkannten Rechte „allen in seinem Gebiet befindlichen und seiner Herrschaftsgewalt unterstehenden Personen [...] zu gewährleisten". Teilweise argumentieren Staaten unter Berufung auf den Wortlaut sowie die Verhandlungen im Rahmen der Ausarbeitung des Artikel 2(1) ICCPR, dass der ICCPR lediglich dann anwendbar sei, wenn sich eine Person unter der Hoheitsgewalt und (kumulativ, also nicht „oder") auf dem Territorium eines Staats befindet. Im *Mauerbau*-Gutachten vertrat der IGH jedoch die Ansicht, dass Menschenrechtsverpflichtungen nicht nur auf dem eigenen Hoheitsgebiet eines Staats, sondern auch extraterritorial anwendbar sind, sofern ein Staat außerhalb seines Territoriums Hoheitsgewalt ausübt. In diesem Sinne fand er, dass die von Israel unterzeichneten internationalen Menschenrechtsabkommen im von Israel besetzten Westjordanland anwendbar sind. Darüber hinaus verwarf der IGH den Einwand, die Anwendbarkeit des humanitären Völkerrechts schließe die Anwendbarkeit der Menschenrechte aus, weil das eine nur für Kriegs-, das andere nur für Friedenszeiten gelte. Vielmehr gelten Menschenrechte jederzeit und für alle Menschen. In diesem Sinne bejahte der IGH die Anwendbarkeit der Menschenrechte im konkreten Fall. Humanitäres Völkerrecht gilt dazu als *lex specialis*.

> **106.** Im Allgemeinen ist der Gerichtshof der Ansicht, dass der durch Menschenrechtsübereinkommen gewährte Schutz im Falle eines bewaffneten Konflikts nicht endet, es sei denn, es kommen Derogationsbestimmungen, wie sie in Artikel 4 des Internationalen Pakts über Bürgerliche und Politische Rechte enthalten sind, zur Anwendung. Was das Verhältnis zwischen dem humanitären Recht und den Menschenrechten betrifft, so gibt es drei mögliche Szenarien: Manche Rechte können ausschließlich Angelegenheiten des humanitären Völ-

kerrechts betreffen, andere können ausschließlich Angelegenheiten der Menschenrechte betreffen, wieder andere können Angelegenheiten beider dieser Zweige des Völkerrechts betreffen. Um die ihm gestellte Frage zu beantworten, muss der Gerichtshof beide Bereiche des Völkerrechts berücksichtigen, nämlich die Menschenrechte und als *lex specialis* das humanitäre Völkerrecht.

108. Der Anwendungsbereich des Internationalen Pakts über Bürgerliche und Politische Rechte ist in Artikel 2 Absatz 1 definiert, der vorsieht:

„Jeder Vertragsstaat verpflichtet sich, die in diesem Pakt anerkannten Rechte zu achten und sie allen in seinem Gebiet befindlichen und seiner Jurisdiktion unterstehenden Personen ohne Unterschied, wie insbesondere der Rasse, der Hautfarbe, des Geschlechts, der Sprache, der Religion, der politischen oder sonstigen Anschauung, der nationalen oder sozialen Herkunft, des Vermögens, der Geburt oder des sonstigen Status zu gewährleisten."

Diese Bestimmung kann so ausgelegt werden, dass sie nur Personen umfasst, die sich sowohl im Hoheitsgebiet eines Staats befinden als auch der Gerichtsbarkeit dieses Staats unterliegen. Sie kann auch so gedeutet werden, dass sie sowohl Personen umfasst, die sich im Hoheitsgebiet eines Staats befinden, als auch Personen, die sich außerhalb dieses Hoheitsgebiets befinden, aber der Hoheitsgewalt dieses Staats unterliegen. Das Gericht wird daher danach streben, die dem Text zukommende Bedeutung zu ermitteln.

109. Der Gerichtshof würde es so sehen, dass die Hoheitsgewalt von Staaten zwar primär territorial ist, aber manchmal auch außerhalb des Staatsgebiets ausgeübt werden kann. In Anbetracht von Ziel und Zweck des Internationalen Pakts über Bürgerliche und Politische Rechte erscheint es naheliegend, dass die Vertragsstaaten auch in diesem Fall verpflichtet sein sollten, seine Bestimmungen einzuhalten. […]

Die *travaux préparatoires* des Pakts bestätigen die Auslegung von Artikel 2 dieses Vertrags durch den Menschenrechtsausschuss. Aus diesen geht hervor, dass die Verfasser des Paktes mit dem gewählten Wortlaut nicht die Absicht hatten, den Staaten zu erlauben, sich ihren Verpflichtungen zu entziehen, wenn sie Hoheitsgewalt außerhalb ihres Staatsgebiets ausüben. Sie wollten lediglich verhindern, dass Personen mit Wohnsitz im Ausland gegenüber ihrem Herkunftsstaat Rechte geltend machen, die nicht in die Zuständigkeit dieses Staats, sondern des Wohnsitzstaats fallen. […].

111. Zusammenfassend stellt der Gerichtshof fest, dass der Internationale Pakt über Bürgerliche und Politische Rechte auf Handlungen eines Staats in Ausübung seiner Hoheitsgewalt außerhalb des eigenen Staatsgebiets anwendbar ist.

(2) Nachdem der Gerichtshof Völkerrechtsverletzungen seitens Israels festgestellt hatte, beschäftige er sich mit der Frage, ob sich Israel auf das Selbstverteidigungsrecht berufen konnte. Israel brachte vor, dass die Absperrung dem Schutz vor Anschlägen diene, die vom Westjordanland ausgehen. Da diese Anschläge durch nicht-staatliche Akteure ausgeübt werden, stellte sich die Frage, ob das Selbstverteidigungsrecht auch gegen nicht-staatliche Akteure oder lediglich gegen Angriffe durch andere Staaten zusteht. Der IGH schien die Ansicht zu vertreten, dass das Selbstverteidigungsrecht nur gegen Angriffe anderer Staaten besteht, was einige Richter zu kritischen Reaktionen veranlasste. Er betonte jedoch auch den Status Israels als Besatzungsmacht. Daher sollte das Gutachten wohl so verstanden werden, dass der IGH die Berufung auf das Selbstverteidigungsrecht gegen Angriffe aus besetzten Gebieten ausschloss, nicht unbedingt aber auch eine Berufung auf das Selbstverteidigungsrecht gegen sonstige Angriffe nicht-staatlicher Akteure.

139. [...] Artikel 51 der Charta erkennt somit das Bestehen eines inhärenten Rechts auf Selbstverteidigung im Falle eines bewaffneten Angriffs eines Staats gegen einen anderen Staat an. Israel behauptet jedoch nicht, dass die Angriffe einem fremden Staat zugerechnet werden können.

Der Gerichtshof stellt ferner fest, dass Israel Kontrolle über die besetzten palästinensischen Gebiete ausübt und dass, wie Israel selbst angibt, die Bedrohung, die es als Rechtfertigung für den Bau der Mauer ansieht, innerhalb und nicht außerhalb dieses Gebiets ihren Ursprung hat. Die Situation unterscheidet sich somit von derjenigen die den Resolutionen 1368 (2001) und 1373 (2001) des Sicherheitsrats zugrunde liegt, weshalb Israel sich ohnehin nicht auf diese Resolutionen berufen konnte, um seinen Anspruch auf Ausübung eines Rechts auf Selbstverteidigung zu untermauern.

Daher kommt der Gerichtshof zum Schluss, dass Artikel 51 der Charta in diesem Fall keine Bedeutung zukommt.

(3) Der IGH stellte zunächst fest, dass Israel verpflichtet ist, den Bau der Mauer sofort einzustellen und das für den unrechtmäßigen Mauerbau beschlagnahmte Land zu restituieren oder die Enteigneten anderweitig zu entschädigen. Darüber hinaus haben die Völkerrechtsverletzungen aber auch Folgen für die Staatengemeinschaft. Insbesondere sollen sämtliche Staaten die völkerrechtswidrige Situation nicht anerkennen und keine Hilfe oder Unterstützung bei deren Aufrechterhaltung leisten. Diese Verpflichtung entspricht der Kodifikation in Artikel 41 ASR, der die Folgen von schwerwiegenden Verletzungen von *ius cogens* festhält. Der IGH erwähnte jedoch nicht explizit den *ius cogens*-Status der verletzten Bestimmungen, sondern schien das Anerkennungs- und Hilfeleistungsverbot aus deren Charakter als *erga omnes*-Verpflichtungen abzuleiten.

159. Angesichts des Charakters und der Bedeutung der in Frage stehenden Rechte und Pflichten ist der Gerichtshof der Ansicht, dass alle Staaten verpflichtet sind, die illegale Situation infolge des Baus der Mauer im Westjordanland, einschließlich des Gebiets in und um Ost-Jerusalem, nicht anzuerkennen. Sie sind auch verpflichtet, keine Hilfe oder Unterstützung bei der Aufrechterhaltung der durch diesen Bau entstandenen Situation zu leisten. [...]

Bewaffnete Handlungen-Fall (2005)

Bewaffnete Handlungen auf dem Gebiet des Kongo (Demokratische Republik Kongo/ Uganda), Entscheidung vom 19. Dezember 2005

GEWALTVERBOT – SELBSTVERTEIDIGUNG – NICHT-STAATLICHE AKTEURE – VERHÄLTNISMÄSSIGKEIT

Sachverhalt: In den Wirren in Folge des Völkermords in Ruanda kam es 1997 zum Sturz des Präsidenten Mobutu im Nachbarland Zaire, der nunmehrigen Demokratischen Republik Kongo (kurz DRK, nicht zu verwechseln mit der wesentlich kleineren, westlich gelegenen Republik Kongo). Im bis 2003 andauernden Bürgerkrieg, auch „Kongokriege" genannt, waren mehrere Nachbarstaaten involviert, Burundi, Ruanda und Uganda, gegen welche die DRK Verfahren vor dem IGH einleitete. Im Fall gegen Uganda stellten sich mehrere Fragen zur Rechtmäßigkeit bewaffneter Handlungen Ugandas in den östlichen Gebieten der DRK. So hatte Uganda zunächst auf Basis einer Einverständniserklärung der DRK Truppen in die Grenzregion entsandt, um Angriffe der gegen Uganda kämpfenden Rebellen zu unterbinden. Obwohl dieses

Einverständnis später zurückgezogen wurde, drangen die ugandischen Truppen in Folge weit in das Gebiet der DRK ein und besetzten Städte und Flughäfen mehrere hundert Kilometer im Landesinneren. Uganda begründete dieses Vorgehen mit dem Selbstverteidigungsrecht gegen die von der DRK aus operierenden ugandischen Rebellen, deren grenzüberschreitende Angriffe sich aufgrund des Kontrollverlusts der kongolesischen Regierung über den Osten des Landes verschlimmert hatten. Kongo brachte gegen Uganda Gegenklage ein, unter anderem aufgrund eines kongolesischen Angriffs auf die ugandische Botschaft in der Hauptstadt der DRK, Kinshasa.

Rechtsfrage: Handelte es sich bei den bewaffneten Handlungen Ugandas um Fälle der Selbstverteidigung?

Ergebnis: Der IGH stellte fest, dass die Reaktion Ugandas weder notwendig noch verhältnismäßig zu den vorangegangenen grenzüberschreitenden Angriffen aus der DRK war. Während er festhielt, dass letztere zudem von privaten Gruppen ausgingen, die der DRK nicht zurechenbar waren, fügte er sogleich hinzu, dass er sich nicht mit der Frage des Rechts auf Selbstverteidigung gegen „irreguläre Streitkräfte" auseinandersetzen muss. Damit bleibt die Frage der Rechtmäßigkeit von Selbstverteidigung gegen nicht-staatliche Akteure weiterhin offen (siehe auch schon das *Mauerbau*-Gutachten).

> **146.** Es sei weiter darauf hingewiesen, dass Uganda zwar vorbrachte, in Selbstverteidigung gehandelt zu haben, aber nie behauptete, einem bewaffneten Angriff durch die Streitkräfte der Demokratischen Republik Kongo ausgesetzt gewesen zu sein. Die „bewaffneten Angriffe", auf die Bezug genommen wurde, gingen von den [Rebellen] aus. Der Gerichtshof hat bereits festgestellt (Abs. 131–135), dass es keinen Beweis für die Beteiligung - direkt oder indirekt - der Demokratischen Republik Kongo an diesen Angriffen gibt. Die Angriffe gingen nicht von bewaffneten Gruppen oder irregulären Streitkräften aus, die im Sinne von Artikel 3(g) der am 14. Dezember 1974 angenommenen Resolution 3314 (XXIX) der Generalversammlung über die Definition von Aggression von der Demokratischen Republik Kongo oder in deren Namen entsandt wurden. Der Gerichtshof ist der Ansicht, dass diese Angriffe, auch wenn sie als kumulativ angesehen werden könnten, nach den ihm vorliegenden Beweisen der Demokratischen Republik Kongo dennoch nicht zuzurechnen sind.
>
> **147.** Aus all diesen Gründen stellt der Gerichtshof fest, dass die rechtlichen und tatsächlichen Voraussetzungen für die Ausübung des Selbstverteidigungsrechts durch Uganda gegenüber der Demokratischen Republik Kongo nicht gegeben waren. Dementsprechend braucht der Gerichtshof nicht auf die Behauptungen der Parteien einzugehen, ob und unter welchen Bedingungen das heutige Völkerrecht ein Recht auf Selbstverteidigung gegen umfangreiche Angriffe durch irreguläre Kräfte vorsieht. […]

Völkermord-Fall (2007)

Anwendung der Konvention über die Verhütung und Bestrafung des Völkermordes (Bosnien-Herzegowina/Serbien und Montenegro), Entscheidung vom 26. Februar 2007

25

VÖLKERMORD – *DOLUS SPECIALIS* – STAATENVERANTWORTLICHKEIT – UNTERLASSUNG – ARTIKEL **8** ASR – WIRKSAME KONTROLLE – ALLGEMEINE KONTROLLE

Sachverhalt: Im Jahr 1993 reichte Bosnien-Herzegowina Klage gegen die Bundesrepublik Jugoslawien wegen Verletzung der Völkermordkonvention im Rahmen des Bosnienkriegs ein. Zentraler Aspekt des umfangreichen Urteils ist die Qualifizierung der und Verantwortlichkeit für die Ermordung von rund 8000 Bosniern im Juli 1995 in der bosnischen Stadt Srebrenica durch eine Gruppe bosnischer Serben. Der IGH erklärte 1996 die Klage für zulässig.

Rechtsfrage: **(1)** Ist das Massaker ein Völkermord gemäß der UN-Völkermordkonvention? **(2)** Ist Serbien dafür verantwortlich?

Ergebnis: **(1)** Der IGH betonte insbesondere, dass für die Qualifikation eines Vorfalls als Völkermord ein spezifischer Vorsatz („*dolus specialis*"), eine Gruppe teilweise oder zur Gänze auszulöschen, notwendig ist. So fallen etwa gezielte Tötungen von Angehörigen einer Volksgruppe für sich nicht unter die Völkermord-Definition. Ein solcher „*dolus specialis*" war nach Ansicht des IGH im Kontext des Srebrenica-Massakers gegeben, weshalb er es explizit als Völkermord im Sinne der UN-Völkermordkonvention qualifizierte.

> **187.** […] Der zusätzliche Vorsatz muss ebenfalls bewiesen werden und ist sehr präzise definiert. Er wird oft als spezieller oder spezifischer Vorsatz oder *dolus specialis* bezeichnet; […] Es reicht nicht aus, dass die Mitglieder der Gruppe zum Ziel gemacht werden, weil sie dieser Gruppe angehören, also weil der Täter eine diskriminierende Absicht hat. Es bedarf noch mehr. Die in Artikel II angeführten Handlungen müssen in der Absicht erfolgen, die Gruppe als solche ganz oder teilweise zu zerstören. Die Wörter „als solche" unterstreichen die Absicht, die geschützte Gruppe zu zerstören.

(2) Der in Frage stehende Völkermord wurde von einer Gruppe bosnischer Serben, das heißt von nicht-staatlichen Akteuren, begangen. Aus diesem Grund stellte sich die Frage, ob Serbien überhaupt für die Völkerrechtsverletzung zur Verantwortung gezogen werden konnte. In diesem Zusammenhang sind zwei Fragen strikt voneinander zu trennen:

1. die Verantwortlichkeit Serbiens für den Völkermord selbst sowie
2. die Verantwortlichkeit Serbiens für die Nichtverhinderung des Völkermords und die fehlende Bestrafung der Täter.

Bezüglich der ersten Frage bekräftige der IGH den bereits im *Nicaragua*-Fall festgestellten strengen Maßstab für die Zurechnung von Privathandeln. Nach Ansicht des Gerichtshof sind nicht-staatliche Akteure nur dann dem Staat zurechenbar, wenn diese entweder unter ausdrücklicher Anweisung des Staats oder unter dessen wirksamer Kontrolle handeln. Die Anweisung oder Kontrolle muss dabei für die konkreten Einsätze bestehen, während derer die verletzenden Handlungen stattgefunden haben. Der IGH lehnte insbesondere den durch das Internationale Strafttribunal für das ehemalige Jugoslawien im *Tadić*-Fall aufgestellten Test der allgemeinen Kontrolle ab. Im Ergebnis wurde das Massaker Serbien nicht zugerechnet, weil nach Ansicht des IGH das erforderliche Maß an Kontrolle der bosnisch serbischen Truppen durch Serbien nicht bewiesen wurde. Im Rahmen der zweiten Frage bejahte der IGH jedoch Serbiens Verantwortlichkeit. Serbien war dementsprechend für die Missachtung der Verpflichtungen, Völkermord zu verhindern und die Täter angemessen zu bestrafen, verantwortlich.

> **406.** Es muss ins Treffen geführt werden, dass der „allgemeine Kontrolle-Test" den entscheidenden Nachteil hat, das Ausmaß der Staatenverantwortlichkeit weit jenseits des Grundprinzips der völkerrechtlichen Verantwortlichkeit auszuweiten: Ein Staat ist nur für eigenes Verhalten verantwortlich, also für Handlungen von Personen, die, auf welcher Grundlage auch immer, für ihn tätig werden. Das trifft auf Handlungen zu, die von seinen offiziellen Organen ausgeführt werden sowie von Personen oder Körperschaften, die zwar nicht formell nach nationalem Recht als offizielle Organe eingesetzt wurden, die aber dennoch mit Staatsorganen gleichgesetzt werden müssen, weil sie in einem Verhältnis kompletter Abhängigkeit zum Staat stehen. Abgesehen von diesen Fällen, ist ein Staat nur für Handlungen von Personen oder Personengruppen, die weder Staatsorgane noch mit Staatsorganen gleichzusetzende Personen sind, verantwortlich, wenn – angenommen die Handlungen sind völkerrechtswidrig – diese Handlungen dem Staat nach der in Artikel 8 […] zum Ausdruck kommenden völkergewohnheitsrechtlichen Regel zurechenbar sind. Dies ist dann der Fall, wenn ein Staatsorgan den Auftrag erteilte oder die Leitung übernahm, unter der die Verursacher der völkerrechtswidrigen Handlung agierten oder ein Staatsorgan effektive Kontrolle über die Einsätze, während derer die Verletzung begangen wurde, ausübte. In diesem Zusammenhang ist der „allgemeine Kontrolle–Test" ungeeignet, weil er die Verbindung, die zwischen dem Handeln eines Staatsorgans und der völkerrechtlichen Verantwortlichkeit dieses Staats bestehen muss, zu weit, fast bis zum Äußersten, ausdehnt.

Diallo-Fall (2007/2012)

Ahmadou Sadio Diallo (Guinea/Demokratische Republik Kongo), Entscheidung zu vorläufigen Maßnahmen vom 24. Mai 2007/Entscheidung zur Entschädigungshöhe vom 19. Juni 2012

26

DIPLOMATISCHES SCHUTZRECHT – AUSSCHÖPFUNG DES INNERSTAATLICHEN RECHTSWEGS („EXHAUSTION OF LOCAL REMEDIES") – SCHADENERSATZ – IMMATERIELLER SCHADEN

Sachverhalt: Der seit 32 Jahren in der Demokratischen Republik Kongo (DRK) – damals Zaire – lebende und dort im Import-Export-Geschäft tätige guineische Staatsbürger Ahmadou Sadio Diallo wurde aufgrund vermeintlicher wirtschaftskrimineller Aktivitäten festgenommen, blieb 72 Tage inhaftiert und wurde anschließend wegen „illegalen Aufenthalts" ausgewiesen. Zudem hatte er einen beträchtlichen Teil seines Vermögens verloren. Guinea übte daraufhin das diplomatische Schutzrecht aus und forderte eine Schadenssumme von nicht ganz 12 Million US-Dollar zuzüglich Zinsen für die von Herrn Diallo erlittenen materiellen und immateriellen Schäden. Die DRK wandte daraufhin unter anderem ein, dass der innerstaatliche Rechtsweg nicht erschöpft sei.

Rechtsfrage: (1) Umfasst die Notwendigkeit der Ausschöpfung des innerstaatlichen Rechtswegs als Voraussetzung für die Ausübung des diplomatischen Schutzrechts auch Gnadengesuche? (2) Ist bei Ausübung des diplomatischen Schutzrechts im Rahmen des Schadenersatzes auch immaterieller Schaden auf Seiten der Staatsbürger ersatzfähig?

Ergebnis: (1) Der IGH hielt fest, dass die Notwendigkeit der Ausschöpfung des innerstaatlichen Rechtswegs nur Rechtsmittel erfasst, auf deren Inanspruchnahme der Beschwerdeführer ein Recht hat. Wenn deren Gewährung vom Wohlwollen des Staats abhängt, müssen sie nicht ausgeschöpft werden.

> **47.** [...] Obwohl die innerstaatlichen Rechtsmittel, die ausgeschöpft werden müssen, alle Rechtsmittel rechtlicher Natur umfassen, also gerichtlichen Rechtsschutz sowie Rechtsschutz vor Verwaltungsbehörden, ruft das Gericht dennoch in Erinnerung, dass im Zusammenhang mit der Anforderung der Ausschöpfung des innerstaatlichen Rechtswegs nur solche verwaltungsbehördliche Rechtsmittel in Betracht gezogen werden können, die auf die Durchsetzung eines Rechts abzielen und nicht auf einen Gefallen, wenn dieser keine notwendige Bedingung für die Zulässigkeit eines späteren strittigen Verfahrens ist. Demnach kann Herrn Diallos Möglichkeit, einen Antrag auf nochmalige Prüfung der Ausweisungsentscheidung an die Behörde, welche die Entscheidung gefällt hat, also in diesem Fall der Premierminister, zu stellen, in der Hoffnung, dass dieser seine Entscheidung in einem Gnadenakt zurückzieht, nicht als auszuschöpfendes innerstaatliches Rechtsmittel erachtet werden.

(2) Im Unterschied zu immateriellem Schaden eines Staats gilt ein solcher bei Individuen als finanziell messbar. Der IGH hielt fest, dass erhebliches psychisches Leiden sowie Rufschädigung zwangsläufige Folgen der Handlungen der DRK sind. Folglich sprach er Guinea Schadenersatz in Höhe von 85.000 US-Dollar für die erlittenen immateriellen Schäden von Herrn Diallo und 10.000 US-Dollar für seine materiellen Schäden zu. Der Hinweis auf den Schaden von Herrn Diallo kann dabei als Wink mit dem Zaunpfahl verstanden werden, dass das Geld beim Geschädigten landen soll. Zur Berechnung der Summe berief sich der Gerichtshof auf allgemeine Gerechtigkeitserwägungen.

Matthäus-Effekt

„Denn wer da hat, dem wird gegeben, dass er die Fülle habe; wer aber nicht hat, dem wird auch das genommen, was er hat." So steht es bei Matthäus, 25,29 im Neuen Testament. Im Zusammenhang mit der Berechnung des immateriellen Schadens brachte Guinea unter anderem vor, Diallo habe emotional ganz besonders gelitten, weil er als Folge der Festnahme und Inhaftierung anstatt eines Lebens im Überfluss unter den Reichsten des Landes ganz plötzlich in vollkommen ärmlichen Verhältnissen zurechtkommen musste. Als Beweis für diesen Lebensstil wurde angeführt, dass er 19 Jahre lang in einem Fünf-Sterne-Hotel lebte und einen Citroën CX Prestige fuhr. Es ist fraglich, ob es sich dabei um ein gutgläubiges Argument handelt, wird damit doch impliziert, dass eine weniger begüterte Person zugleich weniger unter der Enteignung gelitten hätte.

Kosovo-Gutachten (2010)

Völkerrechtskonformität der einseitigen Unabhängigkeitserklärung Kosovos,
Rechtsgutachten vom 22. Juli 2010

27

TERRITORIALE INTEGRITÄT – UNABHÄNGIGKEITSERKLÄRUNGEN – SELBSTBESTIMMUNGSRECHT – „REMEDIAL SECESSION"

Sachverhalt: Nach Beendigung des Kosovo-Kriegs am 10. Juni 1999 wurde das Gebiet des damals zur Bundesrepublik Jugoslawien gehörenden Kosovo unter UN-Übergangsverwaltung gestellt. Rechtliche Grundlage dafür war Resolution 1244 des UN-Sicherheitsrats, die jedoch den zukünftigen Status des Kosovo ungeregelt ließ. Am 17. Februar 2008 erklärte Kosovo einseitig die Unabhängigkeit. Die UN-Generalversammlung richtete noch im selben Jahr die Frage der Völkerrechtskonformität dieser Unabhängigkeitserklärung an den IGH.

Rechtsfrage: (1) Verstößt eine einseitige Unabhängigkeitserklärung gegen das allgemeine Völkerrecht? **(2)** Verstößt die einseitige Unabhängigkeitserklärung des Kosovos gegen Resolution 1244 des UN-Sicherheitsrats?

Ergebnis: (1) Zunächst widmete sich der IGH dem allgemeinen Völkerrecht. Er stellte fest, dass sich aus der Staatenpraxis kein Verbot von Unabhängigkeitserklärungen ableiten lässt. Auch aus dem Prinzip, die territoriale Unversehrtheit eines Staats zu achten, ergibt sich kein solches Verbot im konkreten Fall, da dieses nur zwischen Staaten zur Anwendung kommt und gegenüber dem Kosovo daher keine Bindungswirkung entfaltete. Zwar hat der Sicherheitsrat in der Vergangenheit andere Unabhängigkeitserklärungen verurteilt, jedoch wurden diese im Rahmen eines Verstoßes des Gewaltverbots oder anderer *ius cogens* Normen abgegeben. Der IGH gelangte daher zur Ansicht, dass die einseitige Unabhängigkeitserklärung des Kosovos das allgemeine Völkerrecht nicht verletzte. Obwohl das allgemeine Völkerrecht kein Verbot solcher Unabhängigkeitserklärungen enthält, ließ der IGH die Frage nach dem Recht auf Unabhängigkeit unbeantwortet. Ob sich ein solches aus dem Selbstbestimmungsrecht oder anderweitig als „Rechtsbehelf" („remedial secession") ableiten ließe, war nach Ansicht des IGH nicht von der Fragestellung umfasst.

> **79.** Im 18., 19. und frühen 20. Jahrhundert gab es zahlreiche Fälle von Unabhängigkeitserklärungen, die oft mit Nachdruck vom Staat, von dem die Unabhängigkeit erklärt wurde, abgelehnt wurden. Manchmal führte eine Erklärung zur Gründung eines neuen Staats, manchmal nicht. In keinem Fall deutet die Staatenpraxis als Ganzes jedoch darauf hin, dass der Akt der Verkündung der Erklärung als völkerrechtswidrig angesehen wurde. [...]. Durch die Ausübung dieses Rechts [Selbstbestimmungsrecht] sind zahlreiche neue Staaten entstanden. Es gab aber auch Fälle von Unabhängigkeitserklärungen außerhalb dieses Kontexts. [...]
>
> **80.** Mehrere Verfahrensbeteiligte haben geltend gemacht, dass ein Verbot einseitiger Unabhängigkeitserklärungen implizit im Grundsatz der territorialen Integrität enthalten ist. [...] Der Geltungsbereich des Grundsatzes der territorialen Integrität beschränkt sich auf den Bereich der zwischenstaatlichen Beziehungen.
>
> **81.** Mehrere Verfahrensbeteiligte haben sich auf Resolutionen des Sicherheitsrats berufen, in denen bestimmte Unabhängigkeitserklärungen verurteilt werden [...]. Hinsichtlich des Kosovos hat der Sicherheitsrat diese Position nie vertreten. Der Ausnahmecharakter der aufgezählten Resolutionen [...] scheint dem Gerichtshof zu bestätigen, dass aus der Praxis des Sicherheitsrats kein allgemeines Verbot einseitiger Unabhängigkeitserklärungen abgeleitet werden kann.

82. Einige Beteiligte am vorliegenden Verfahrens haben, wenn auch fast immer nur als sekundäres Argument, geltend gemacht, dass die Bevölkerung des Kosovos das Recht hat, einen unabhängigen Staat zu gründen, entweder als Ausdruck eines Rechts auf Selbstbestimmung oder gemäß dem, was sie angesichts der Situation im Kosovo als Recht auf „remedial secession" bezeichneten.

[…] Ob […] das internationale Recht der Selbstbestimmung einem Teil der Bevölkerung eines bestehenden Staats das Recht einräumt, sich von diesem Staat abzuspalten, ist jedoch eine Frage, über die von den Verfahrensbeteiligten, die zu dieser eine Position bezogen haben, komplett unterschiedliche Auffassungen zum Ausdruck gebracht wurden. Ähnliche Unterschiede bestanden in Bezug darauf, ob und, falls ja, unter welchen Umständen das Völkerrecht ein Recht auf „remedial secession" vorsieht. Es gab auch starke Meinungsverschiedenheiten darüber, ob die von einigen Beteiligten behaupteten Umstände, die ein Recht auf „remedial secession" begründen würden, im Kosovo tatsächlich gegeben waren.

83. Der Gerichtshof ist der Ansicht, dass es im gegenständlichen Fall nicht notwendig ist, diese Fragen zu klären. Die Generalversammlung hat das Gutachten des Gerichtshofs nur zu der Frage angefordert, ob die Unabhängigkeitserklärung mit dem Völkerrecht übereinstimmt oder nicht. Die Debatten über den Umfang des Selbstbestimmungsrechts und das Bestehen eines Rechts auf „remedial secession" betreffen jedoch das Recht auf Abspaltung von einem Staat. Wie das Gericht bereits festgestellt hat […], und fast alle Beteiligten zustimmten, befindet sich dieser Aspekt außerhalb des Umfangs der von der Generalversammlung gestellten Frage. Um diese Frage zu beantworten, braucht der Gerichtshof nur festzustellen, ob die Unabhängigkeitserklärung entweder gegen das allgemeine Völkerrecht oder gegen das durch die Resolution 1244 (1999) des Sicherheitsrats geschaffene *lex specialis* verstößt.

84. Aus den bereits genannten Gründen hält der Gerichtshof fest, dass das allgemeine Völkerrecht kein anwendbares Verbot von Unabhängigkeitserklärungen enthält. Dementsprechend kommt er zum Schluss, dass die Unabhängigkeitserklärung vom 17. Februar 2008 nicht gegen das allgemeine Völkerrecht verstoßen hat. [...]

(2) In weiterer Folge widmete sich der IGH der ihm vorgelegten Frage im Rahmen der auf den Kosovo anwendbaren Resolution 1244 des UN-Sicherheitsrats von 1999, die in ihrer Präambel explizit auf die „Souveränität und territoriale Unversehrtheit der Bundesrepublik Jugoslawien" Bezug nimmt. Nach Ansicht des IGH handelte das „Provisorische Parlament der Republik Kosovo" bei Ausrufung der Unabhängigkeit nicht im Rahmen seiner Aufgaben als eine der auf Grundlage von Resolution 1244 errichteten „vorläufigen Selbstverwaltungsinstitutionen", sondern als Repräsentant der kosovarischen Bevölkerung. Zudem sah Resolution 1244 ausschließlich eine vorläufige Regelung vor, ließ den zukünftigen Status des Kosovos ungeregelt und behielt die Entscheidung über den zukünftigen Status nicht dem Sicherheitsrat vor. Der Gerichtshof kam daher zum Schluss, dass die Unabhängigkeitserklärung auch Resolution 1244 nicht verletzte.

109. Der Gerichtshof kommt daher unter Berücksichtigung aller Faktoren zum Schluss, dass die Verfasser der Unabhängigkeitserklärung vom 17. Februar 2008 nicht als eine der vorläufigen Selbstverwaltungsinstitutionen innerhalb des verfassungsmäßigen Rahmens tätig wurden, sondern als Personen, die gemeinsam in ihrer Eigenschaft als Vertreter des Volks des Kosovos außerhalb des Rahmens der Übergangsverwaltung handelten. […]

114. [...] [D]as Gericht stellt fest, dass die Resolution 1244 (1999) des Sicherheitsrats im Wesentlichen darauf abzielte, ein Übergangsregime für den Kosovo zu schaffen, um den langfristigen politischen Prozess zur Feststellung des endgültigen Status des Kosovos zu lenken. Die Resolution enthielt keine Bestimmung über den endgültigen Status des Kosovos oder die Bedingungen, unter denen dieser erreicht werden sollte.

[...] Demgegenüber, hat sich der UN-Sicherheitsrat gemäß der Resolution 1244 (1999) die endgültige Feststellung der Situation im Kosovo nicht vorbehalten und sich zu den Bedingungen für den finalen Status des Kosovos nicht geäußert. Die Resolution 1244 (1999) schließt daher die Abgabe der Unabhängigkeitserklärung vom 17. Februar 2008 nicht aus, weil die beiden Instrumente auf unterschiedlichen Ebenen ansetzen: Im Gegensatz zur Resolution 1244 (1999) ist die Unabhängigkeitserklärung ein Versuch, den Status des Kosovos endgültig zu bestimmen. [...]

119. Der Gerichtshof stellt daher fest, dass die Resolution 1244 (1999) des Sicherheitsrats den Verfassern der Erklärung vom 17. Februar 2008 die Erklärung der Unabhängigkeit von der Republik Serbien nicht untersagt hat. Die Unabhängigkeitserklärung verstieß daher nicht gegen Resolution 1244 (1999) des Sicherheitsrats.

Was heißt Nichtverbotensein? Zwischen Duldung, Erlaubnis und Anspruch

Der Ansatz des IGH im Kosovo-Gutachten ließ die Diskussion um den *Lotus*-Fall wiederaufleben. Ist alles, was völkerrechtlich nicht verboten ist, erlaubt? Gibt es Dinge, die weder verboten, noch erlaubt sind, sondern ganz einfach toleriert werden? Wann beinhaltet das Erlaubtsein tatsächlich einen Anspruch auf Ausübung eines Rechts? Die kosovarische Unabhängigkeitserklärung verletzte zwar laut IGH nicht das Völkerrecht. Allerdings sprach sich der IGH explizit nicht darüber aus, ob dem Kosovo damit auch ein Recht auf Sezession zukommt. Der deutsche Richter Bruno Simma fand, dass der IGH damit einen zu konservativen Ansatz gewählt hatte. In einer dem Urteil beigefügten abweichenden Meinung führte er dazu aus: „Die Argumentation des Gerichts [...], die direkt aus dem Fehlen eines Verbots die Zulässigkeit ableitet, ist eine Anwendung des sogenannten *Lotus*-Prinzips. [...] Nach diesem Ansatz trägt alles, was nicht ausdrücklich verboten ist, denselben Anstrich der Rechtmäßigkeit; dabei vernachlässigt er mögliche Stufen des Nichtverbotenseins, von „geduldet", über „zulässig" bis hin zu „wünschenswert". Unter diesen Umständen hätte selbst ein eindeutig anerkannter Anspruch auf Erklärung der Unabhängigkeit, falls vorhanden, die Antwort des Gerichtshofs nicht im Geringsten geändert." (Abweichende Meinung von Richter Simma, Absatz 8)

Deutschland-Italien-Fall (2012)

Staatenimmunitäten-Fall (Deutschland/Italien; Streitverkündung Griechenlands), Entscheidung vom 3. Februar 2012

28

STAATENIMMUNITÄT – *IUS COGENS* – DELIKTSAUSNAHME – VOLLSTRECKUNGSIMMUNITÄT – VOLLE WIEDERGUTMACHUNG

Sachverhalt: In Italien wurde eine Reihe von Klagen gegen die Bundesrepublik Deutschland zugelassen, die im Zusammenhang mit den Kriegsverbrechen standen, die von deutschen Streitkräften während der Besatzung Italiens durch Deutschland zwischen Oktober 1943 und dem Ende des Zweiten Weltkriegs begangen wurden. In der *Ferrini*-Entscheidung des Corte Suprema di Cassazione wurde etwa die Nichtanwendung der Bestimmungen zur Immunität im Fall von *ius cogens*-Verletzungen festgestellt. Darüber hinaus erlaubten italienische Gerichte die Exekution in deutsches Vermögen auch auf Grundlage griechischer Gerichtsentscheidungen. Zudem wurde Zwangsvollstreckung in die Villa Vigoni angeordnet, ein in deutschem Eigentum stehendes Kulturzentrum nahe des Comosees. Infolgedessen erhob Deutschland im Jahr 2008 Klage gegen Italien vor dem IGH und brachte vor, Italien habe die Deutschland durch das Völkerrecht eingeräumte Immunität missachtet.

Rechtsfrage: **(1)** Derogiert eine *ius cogens*-Norm der Staatenimmunität? **(2)** Kommt für die Bestimmung des Immunitätsumfangs das Recht zum Zeitpunkt des Verfahrens oder der verfahrensgegenständlichen Handlungen zur Anwendung? **(3)** Sind militärische Handlungen von einer allfälligen Deliktsausnahme zur Staatenimmunität umfasst? **(4)** Verletzt die Eintragung einer Hypothek die Immunität im Vollstreckungsverfahren? **(5)** Was sind die Rechtsfolgen einer Immunitätsverletzung?

Ergebnis: **(1)** Der IGH verwarf das von Italien aufgegriffene *ius cogens*-Argument des Corte Suprema di Cassazione. Dabei stellte er fest, dass die Regeln über Derogationszusammenhänge (also die Frage, ob eine *ius cogens*-Norm den Immunitätsbestimmungen derogiert, sprich sie unanwendbar macht) erst zur Anwendung kommen, wenn ein Normenkonflikt vorliegt. Zu einer Derogation der Immunitätsbestimmungen durch *ius cogens* kann es dementsprechend nur dann kommen, wenn sich diese Normen widersprechen. Einen solchen Normwiderspruch verneinte der IGH, weil die betroffenen völkerrechtlichen *ius cogens*-Normen und die Immunitätsbestimmungen verschiedene Rechtsebenen betreffen. Während Menschenrechte oder Regeln des humanitären Völkerrechts materielles Recht darstellen, sind die Immunitätsbestimmungen prozessrechtlicher Natur. Als prozessrechtliche Normen legen sie fest, ob ein Staat Gerichtsbarkeit ausüben kann, berühren aber nicht den Gehalt der materiellen Bestimmungen. Damit hindern sie lediglich die Feststellung der Rechtsverletzungen im Wege des nationalen Gerichtsverfahrens, rechtfertigen jedoch die Verletzungshandlungen nicht. Nicht die Immunitätsbestimmungen widersprechen *ius cogens*, sondern nur die jeweiligen Handlungen selbst. Aus diesem Grund müssen nach Ansicht des IGH nationale Gerichte auch im Falle der Verletzung einer *ius cogens*-Norm Immunität gewähren. Italien hat daher durch Missachtung der Immunität Deutschlands eine Völkerrechtsverletzung begangen.

93. Dieses Argument hängt daher vom Bestehen eines Normenkonflikts zwischen einer Bestimmung – oder Bestimmungen – mit *ius cogens*-Charakter, und den völkergewohnheitsrechtlichen Bestimmungen, die einem Staat vorschreiben, einem anderen Staat Immunität zu gewähren, ab. Nach Ansicht des Gerichts besteht jedoch kein solcher Normenkonflikt. [...] Die beiden Regelungswerke beziehen sich auf unterschiedliche Bereiche. Die Regeln über Staatenimmunität sind prozessualen Charakters und beschränken sich darauf, zu bestimmen, ob die Gerichte eines Staats Gerichtsbarkeit über einen anderen Staat ausüben dürfen. Sie berühren nicht die Frage, ob das verfahrensgegenständliche Verhalten rechtmäßig oder unrechtmäßig war. [...] [D]ie Gewährung von Immunität an einen ausländischen Staat in Übereinstimmung mit Völkergewohnheitsrecht kann weder als Anerkennung der Rechtmäßigkeit einer durch *ius cogens*-Verletzung hervorgerufenen Situation noch als Leistung von Hilfe oder Unterstützung bei der Aufrechterhaltung dieser Situation angesehen werden und widerspricht daher nicht dem in Artikel 41 [ASR] enthaltenen Prinzip.

(2) Der IGH setzte sich auch mit der Frage des intertemporalen Rechts auseinander. Er unterschied in Bezug auf das anwendbare Recht genau zwischen den verfahrensgegenständlichen Handlungen (also den vorgebrachten Verletzungen des humanitären Völkerrechts durch Deutschland während des Zweiten Weltkriegs) und dem Verfahren selbst. Die Handlungen Deutschlands mussten anhand des zu deren Zeitpunkt geltenden Rechts beurteilt werden, also anhand der völkerrechtlichen Regelungen, die während des Zweiten Weltkriegs galten. Die Immunität ist aber eine prozessrechtliche Frage, weshalb zur Bestimmung des Immunitätsumfangs das Recht zur Anwendung kommt, das während des Verfahrens in Geltung steht (also die im Jahr 2004, als das Verfahren vor den italienischen Gerichten stattfand, anwendbaren Regelungen). Da Italiens Völkerrechtsverletzung in der Nichtgewährung der Immunität lag, passierte sie entsprechend im Jahr 2004, nicht während des Zweiten Weltkriegs.

(3) Der Grundgedanke der Deliktsausnahme (siehe auch Artikel 12 UN-Übereinkommen über Staatenimmunität) ist, dass ein Staat für solche Handlungen keine Immunität genießen soll, die einen Personen- oder Sachschaden auf dem Hoheitsgebiet des Gerichtsstaats verursacht haben. Das klassische Beispiel für die Anwendung der Deliktsausnahme sind Verkehrsunfälle sowie andere „versicherbare" Schäden, also im Wesentlichen im Alltag auftretende Situationen. Im konkreten Fall stellte der IGH fest, dass militärische Handlungen jedenfalls nicht unter eine allfällige Deliktsausnahme fallen. Für im Rahmen militärischer Handlungen verursachte Schäden gilt die Deliktsausnahme daher nicht, weshalb Staaten dafür Immunität genießen.

(4) Im Gegensatz zur Immunität im Erkenntnisverfahren wird im Vollstreckungsverfahren zur Beurteilung nicht die Handlung des Staats herangezogen, sondern der Vermögensgegenstand, in den auf dem Gebiet des Gerichtsstaats vollstreckt werden soll. Dient dieser hoheitlichen Zwecken, so ist er von der Immunität umfasst und Zwangsvollstreckung ist verboten. Ausnahmen zur Immunität im Vollstreckungsverfahren liegen nur dann vor, wenn

- das Vermögen nicht-hoheitlichen Zwecken dient,
- der Staat der Anordnung solcher Maßnahmen ausdrücklich zugestimmt hat oder
- der Staat den Vermögensgegenstand eigens zur Befriedigung des verfahrensgegenständlichen Anspruchs bestimmt hat.

In diesem Sinne verletzte die Eintragung einer Hypothek auf die Villa Vigoni nach Ansicht des IGH die Immunität Deutschlands im Vollstreckungsverfahren, weil das Gebäude hoheitlichen Zwecken diente.

119. Im gegenständlichen Fall ist klar, dass das Anwesen, das Gegenstand der Zwangsmaßnahme war, staatlichen Zwecken dient, die ausschließlich nichtgewerblicher Natur sind, daher Zwecken, die Deutschlands hoheitlichen Funktionen zuzuordnen sind. Villa Vigoni ist in der Tat der Sitz eines Kulturzentrums, mit dem die Förderung des Kulturaustausches zwischen Deutschland und Italien beabsichtigt wird. Dieses Kulturzentrum wurde auf Grundlage eines Abkommens zwischen den beiden Regierungen errichtet, das in Form eines Notenwechsels vom 21. April 1986 abgeschlossen wurde, und wird auf dieser Grundlage verwaltet. Vor Gericht beschrieb Italien die in Frage stehenden Aktivitäten als einen „Mittelpunkt vortrefflicher Italienisch-Deutscher Zusammenarbeit in den Bereichen Forschung, Kultur und Bildung", und erkannte an, dass Italien direkt in „seine eigentümliche bi-nationale … Geschäftsführungsstruktur" involviert war. Auch hat Deutschland in keiner Weise ausdrücklich der Ergreifung einer Maßnahme wie der in Frage stehenden rechtlichen Belastung zugestimmt oder die Villa Vigoni eigens zur Befriedigung des Anspruchs zur Verfügung gestellt.

120. Vor diesem Hintergrund entscheidet das Gericht, dass die Eintragung einer Hypothek auf die Villa Vigoni eine Verletzung der Verpflichtung, die Deutschland geschuldete Immunität zu respektieren, durch Italien darstellt.

(5) Der IGH ordnete an, dass Italien alle sich noch in Kraft befindlichen Entscheidungen, die Deutschlands Immunität verletzten, außer Kraft setzen sowie deren Auswirkungen im Wege der Restitution rückgängig machen muss.

Kein Ende in Sicht …?

In Umsetzung des IGH-Urteils erließ Italien 2013 ein Gesetz, das italienische Gerichte dazu verpflichtete, auch in Fällen von *ius cogens*-Verletzungen, Staatenimmunität zu gewähren. Im Oktober 2014 befand der Corte Constituzionale (Verfassungsgerichtshof Italiens) dieses Gesetz für verfassungswidrig. Der Corte Constituzionale vertrat die Auffassung, dass die Abweisung von Klagen auf Ersatz von durch Verbrechen der Nationalsozialisten erlittene Schäden insbesondere das Recht auf Zugang zu den Gerichten (der Angehörigen der Opfer) verletze. In solchen Fällen, so der Corte Constituzionale, seien italienische Gerichte zuständig, weil im italienischen Rechtssystem die Staatenimmunität dann hinter dem Recht auf Zugang zu den Gerichten zurücktritt, wenn internationale Verbrechen begangen wurden. Nach italienischem Recht haben italienische Gerichte daher keine rechtliche Grundlage, solche Klagen künftig abzuweisen und stehen fortan vor dem Dilemma, jedenfalls entweder dem Corte Constituzionale (bei Gewährung der Staatenimmunität) oder dem IGH (bei Nichtgewährung der Staatenimmunität) widersprechen zu müssen.

Auslieferung-Fall (2012)

Fragen betreffend die Verpflichtung zu verfolgen oder auszuliefern (Belgien/Senegal), Entscheidung vom 20. Juli 2012

29

FOLTERVERBOT – *IUS COGENS* – *ERGA OMNES*-VERPFLICHTUNGEN – *AUT DEDERE AUT IUDICARE*

Sachverhalt: Der Fall betraf Hissène Habré, den ehemaligen Präsidenten des Tschad, der unter anderem zahlreicher Folterungen während seiner Amtszeit von 1983 bis 1990 beschuldigt wurde (mittlerweile ermitteln die Außerordentlichen Kammern an den Senegalesischen Gerichten). Senegal hatte Habré nach dem Umsturz seiner Regierung politisches Asyl gewährt.

Belgien reichte Klage gegen Senegal beim IGH ein und brachte vor, dass der Senegal es unterlassen habe, Habré strafrechtlich zu verfolgen oder ihn an Belgien auszuliefern. Damit werde gegen die in der UN-Folterkonvention enthaltene und zugleich völkergewohnheitsrechtliche Verpflichtung, auszuliefern oder selbst zu verfolgen (*aut dedere aut iudicare*), verstoßen. Der Senegal wandte ein, dass Belgiens Klage unzulässig sei, zumal keines der mutmaßlichen Opfer zum relevanten Zeitpunkt die belgische Staatsangehörigkeit besaß.

Rechtsfrage: Kann Belgien die Verletzung der UN-Folterkonvention geltend machen?

Ergebnis: Ohne konkret zu prüfen, ob Belgien in diesem Fall als verletzter Staat galt, hielt der IGH die Klage für zulässig, weil es sich um ein gemeinsames Interesse aller Vertragsparteien handelt, Folter zu verhindern sowie sicherzustellen, dass die Täter nicht straffrei bleiben. Dies ist daher eine Verpflichtung *erga omnes partes*, sodass jede Vertragspartei Beendigung der Verletzung verlangen kann. Der IGH fand damit zum ersten Mal einen nicht-verletzten Staat auf Grundlage einer *erga omnes partes*-Verpflichtung klageberechtigt. Zudem hielt er fest, dass das Folterverbot *ius cogens* darstellt.

> **68.** Die Vertragsstaaten der [UN-Folterkonvention] haben ein gemeinsames Interesse, sicherzustellen, [...] dass Folter verhindert wird, und dass – wenn sie vorkommt – deren Urheber nicht straffrei bleiben. [...] Alle [...] Vertragsstaaten haben ein gemeinsames Interesse an der Befolgung dieser Verpflichtungen durch Staaten, auf deren Territorium sich der beschuldigte Täter befindet. Dieses kollektive Interesse impliziert, dass jeder Staat die fraglichen Verpflichtungen allen anderen Vertragsstaaten der Konvention schuldet. Alle Vertragsstaaten „haben ein rechtliches Interesse" am Schutz der involvierten Rechte [...]. Diese Verpflichtungen können als „Verpflichtungen *erga omnes partes*", im Sinne, dass jeder Vertragsstaat ein Interesse an deren Befolgung in jedem Fall hat, bezeichnet werden.
>
> **69.** Das gemeinsame Interesse an der Befolgung der relevanten Verpflichtungen der UN-Folterkonvention impliziert die Berechtigung jedes Vertragsstaats der Konvention, die Beendigung der behaupteten Verletzungen durch einen anderen Vertragsstaat zu fordern. Wäre ein besonderes Interesse dafür erforderlich, könnte in vielen Fällen kein Staat einen solchen Antrag stellen.

Andere internationale Tribunale

Rainbow Warrior-Fall (1990)

Rainbow Warrior (Neuseeland/Frankreich), Schiedsspruch vom 30. April 1990

30

FRIEDLICHE STREITBEILEGUNG – STAATENVERANTWORTLICHKEIT – RECHTSWIDRIGKEITSAUSSCHLIESSUNGSGRÜNDE – NOTLAGE

Sachverhalt: Hintergrund dieses Disputs zwischen Neuseeland und Frankreich war die Versenkung der „Rainbow Warrior" im Hafen von Auckland in Neuseeland durch zwei Agenten des französischen Geheimdienstes. Dabei kam ein niederländisch-portugiesischer Kameramann, Fernando Pereira, der sich an Bord des Schiffs befand, ums Leben. Die „Rainbow Warrior" war ein Schiff der NGO Greenpeace, das für Protestaktionen gegen die von Frankreich bis 1996 durchgeführten Atomtests im Südpazifik verwendet wurde. Die hinter der Versenkung des Schiffs stehenden Agenten, Offizierin Dominique Prieur und Major Alain Mafart, wurden in Neuseeland zu einer Gefängnisstrafe verurteilt. Der damalige UN-Generalsekretär (Javier Pérez de Cuéllar) legte 1986 als Vermittler in der Sache eine Entschuldigungs- und Entschädigungspflicht Frankreichs sowie eine „Verbannung" der beiden Agenten für drei Jahre auf einen französischen Militärstützpunkt auf einer entlegenen Pazifikinsel (Hao) fest. Zudem sah er die Einrichtung eines aus drei Schiedsrichtern bestehenden Schiedsgerichts für den Fall weiterer Streitigkeiten vor. Auf dieser Grundlage schlossen Frankreich und Neuseeland noch im selben Jahr ein Abkommen betreffend die Umsetzung dieser Verpflichtungen. Beide Agenten wurden jedoch verfrüht nach Frankreich zurückgebracht, weil Agent Mafart in Hao nicht verfügbare medizinische Versorgung benötigte und Agentin Prieur in der Verbannung schwanger wurde sowie den Wunsch äußerte, ihren sterbenden Vater zu sehen. Der daraus resultierende Streit über die Rechtmäßigkeit dieses Vorgehens wurde einem entsprechend der Vereinbarung eingerichteten Schiedsgericht vorgelegt.

Rechtsfrage: Kann sich Frankreich, das durch die frühzeitige Beendigung der Verbannung das mit Neuseeland geschlossene Abkommen verletzt hatte, auf einen Rechtswidrigkeitsausschließungsgrund, insbesondere jenen der Notlage, berufen?

Ergebnis: Zunächst stellte das Schiedsgericht fest, dass Vertragsverletzungen völkerrechtliche Verantwortlichkeit auslösen können und entsprechend auch Einreden aus dem Recht der völkerrechtlichen Verantwortlichkeit vorgebracht werden können. Der Rechtswidrigkeitsausschließungsgrund der Notlage (auch „Notlage des Verursachers" oder „persönlicher Notstand") im Besonderen betrifft den Fall, dass sich eine Person, die dem Staat zurechenbar ist, in einer Gefahrensituation befindet, die das eigene Leben oder das anderer Personen, die in der Obhut der handelnden Person stehen, bedroht. Im konkreten Fall musste Frankreich nach Ansicht des Schiedsgerichts drei Voraussetzungen belegen, um sich auf Notlage berufen zu können:

1. Umstände von außerordentlicher Dringlichkeit im Zusammenhang mit medizinischen oder anderen elementaren Erwägungen.
2. Die Einhaltung der ursprünglichen Verpflichtung, sobald die Gefahrensituation nicht mehr besteht.
3. Die gutgläubige Bemühung, zuvor Neuseelands Zustimmung im Sinne des Abkommens von 1986 einzuholen.

In Bezug auf Major Mafart bejahte das Schiedsgericht im Hinblick auf seine prekäre gesundheitliche Situation, dass Umstände von außerordentlicher medizinischer Dringlichkeit vorgelegen hatten. Jedoch erfüllte Frankreich die Verpflichtung nicht, ihn nach Beendigung der Gefahrensituation (gemäß Punkt 2) wieder auf die Insel zurückzubringen. Die Gründe, Offizierin Prieur auszufliegen, erreichten nach Ansicht des Schiedsgerichts nicht das erforderliche Ausmaß an Dringlichkeit und konnten schon aus diesem Grund nicht von der Notlage umfasst sein. Das Schiedsgericht empfahl daher, einen gemeinsamen Fonds, mit einer Zahlung Frankreichs in Höhe von zwei Millionen US-Dollar, einzurichten. Als Wiedergutmachung bestätigte das eingesetzte Schiedsgericht das Bestehen einer Verpflichtung zur Genugtuung im Falle immaterieller Schäden. Frankreich musste auf dieser Grundlage gegenüber Neuseeland eine formelle und uneingeschränkte Entschuldigung abgeben.

75. [...] Der Grund dafür [für die Entscheidung] ist, dass die allgemeinen Prinzipien des Völkerrechts betreffend Staatenverantwortlichkeit im Falle einer Vertragsverletzung gleichberechtigt anzuwenden sind. Im Völkerrecht gibt es nämlich keine Unterscheidung zwischen Haftung aus einem Vertrag und völkerrechtlicher Verantwortlichkeit, sodass die Verletzung irgendeiner Verpflichtung durch einen Staat, egal welchen Ursprungs, Staatenverantwortlichkeit auslöst. Demnach besteht die Verpflichtung, Schadenersatz zu leisten. Der jeweilige Vertrag selbst kann natürlich das allgemeine Recht der Staatenverantwortlichkeit beschränken oder ausweiten, zum Beispiel durch das Vorsehen von entsprechenden Rechtsmitteln. [...]

122. Es besteht eine lange etablierte Praxis von Staaten und internationalen Gerichten, Genugtuung als Abhilfe oder Form der Wiedergutmachung (im weitesten Sinne verstanden) für die Verletzung einer völkerrechtlichen Verpflichtung zu gewähren. Diese Praxis bezieht sich insbesondere auf den Fall des moralischen oder rechtlichen Schadens der dem Staat direkt, besonders im Gegensatz zum Fall des zu völkerrechtlicher Verantwortlichkeit führenden Schadens an Personen, zugefügt wird. [...]

Thematische Fallübersicht

(nach *Völkerrecht verstehen*)

1. Einleitung

Siehe *Lotus-Fall* (1927) 3.

2. Völkerrechtsquellen

Siehe auch *Asyl*-Fall (1950) 9, *Auslieferung*-Fall (2012) 45, *Barcelona Traction*-Fall 17, *Chorzów*-Fall (1927/1928) 4, *Durchgangsrecht über indisches Gebiet*-Fall (1960) 13, *Fischerei*-Fall (1951) 11, *Kernwaffenversuche*-Fälle (1974) 18, *Lotus*-Fall (1927) 3, *Nicaragua*-Fall (1984/1986) 22, *Nordseefestlandsockel*-Fälle (1969) 15, *Nuklearwaffen*-Gutachten (1996) 25, *Ostgrönland*-Fall (1933) 5, *Tempel von Preah Vihear*-Fall (1962) 13, *Völkermord*-Fall (2007) 37.

Ständiger Internationaler Gerichtshof

Meuse-Fall (1937)

Umleitung des Wassers der Maas (Niederlande/Belgien), Entscheidung vom 28. Juni 1937

„ESTOPPEL"

Inhalt: Staaten, die beide Parteien eines völkerrechtlichen Vertrags sind, können keine dem Vertrag zuwiderlaufenden Handlungen der jeweils anderen Partei als Vertragsverletzung einwenden, wenn sie in der Vergangenheit selbst solche ähnlichen Handlungen begangen haben. Sie sind damit „estopped", eine solche Handlung einzuwenden. Eine Täuschungs- oder Betrugsabsicht der jeweils anderen Partei ist nicht notwendig, um den Tatbestand des „estoppel" zu erfüllen.

Andere internationale Tribunale

Russische Entschädigungen-Fall (1912)

Russische Forderung nach Zinsen auf Schadenersatzzahlungen (Russland/Türkei), Schiedsspruch vom 11. November 1912

VERZUGSZINSEN

Inhalt: Der Ständige Schiedshof stellte fest, dass die Verpflichtung zur Zahlung von Verzugszinsen ein allgemeiner Rechtsgrundsatz ist.

3. Die Wiener Vertragsrechtskonvention

Siehe auch *Gabčíkovo-Nagymaros*-Fall (1997) 27, *Loizidou gegen Türkei* (1996) 92, *Rainbow Warrior*-Fall (1990) 46, *Tyrer gegen Vereinigtes Königreich* (1978) 92.

Ständiger Internationaler Gerichtshof

Wimbledon-Fall (1923)

S.S. Wimbledon (Mexico/United States of America), Entscheidung vom 17. August 1923

VERTRAGSRECHT – SELF-CONTAINED RÉGIME

Inhalt: Der Gerichtshof prägte im Verfahren den Begriff des „self-contained régime", um innerhalb eines Vertrags *lex specialis*-Regelungen abzugrenzen, für welche die allgemeinen Vertragsbestimmungen nicht zur Interpretation herangezogen werden sollten. Der Begriff wurde später vom IGH im *Teheraner Geisel*-Fall verwendet, um die WDK zu charakterisieren und erstreckte damit das Konzept allgemein auf die Frage von Rechtsfolgenormen, was seither auch der gebräuchlichen Verwendung des Begriffs entspricht.

> **Pubquiz-Wissen**
> Der *Wimbledon*-Fall ist der erste streitige Fall, der vom Ständigen Internationalen Gerichtshof entschieden wurde. Es ging allerdings um ein Schiff, nicht um das Tennisturnier.

Internationaler Gerichtshof

Vorbehalte zur Konvention über die Verhütung und Bestrafung des Völkermordes-Gutachten (1951)

Vorbehalte zur Konvention über die Verhütung und Bestrafung des Völkermordes, Rechtsgutachten vom 28. Mai 1951

VORBEHALTE

Inhalt: Historisch wurde davon ausgegangen, dass Vorbehalte nur gültig seien, wenn sämtliche anderen Vertragsparteien diesen zustimmen („Konsenstheorie"). Von dieser Ansicht wich der IGH in diesem Gutachten ab, indem er Vorbehalte als zulässig ansah, sofern sie nicht Ziel und Zweck des Vertrags widersprechen. Diese Sicht wurde in der WVK übernommen. Die Überlegung hinter der Zulässigkeit von Vorbehalten ist, eine möglichst hohe Anzahl von Staaten zum Vertragsabschluss zu bewegen.

Kasikili/Sedudu-Fall (1999)

Kasikili/Sedudu Insel (Botswana/Namibia), Entscheidung vom 13. Dezember 1999

VERTRAGSINTERPRETATION

Inhalt: Der IGH nahm an, dass die in der WVK enthaltenen Vertragsinterpretationsregeln bereits im 19. Jahrhundert völkergewohnheitsrechtlich in Geltung standen.

Maritime Grenzziehung-Fall (2001)

Maritime Grenzziehung und Territorialfragen zwischen Katar und Bahrain (Katar/Bahrain), Entscheidung vom 16. März 2001

FALSA DEMONSTRATIO NON NOCET

Inhalt: Der IGH setzte sich mit der Frage auseinander, ob ein Briefaustausch zwischen Staatsoberhäuptern oder sogenannte „minutes" (Sitzungsprotokolle) vertragliche Bindungswirkung entfalten. Dabei fand er, dass auch die Umstände, also die Gebarung der Parteien während des Zustandekommens eines Vertrags, bei der Beurteilung eine Rolle spielen. Es gilt also *falsa demonstratio non nocet* („eine falsche Bezeichnung schadet nicht"): es kommt auf den Inhalt eines Vertrags an, nicht auf dessen Form.

 EGMR

Belilos-Fall (1988)

Belilos gegen Schweiz, Entscheidung vom 29. April 1988

VORBEHALTE

Inhalt: Der EGMR entschied, dass Staaten im Falle einer ungültigen interpretativen Erklärung beziehungsweise eines ungültigen Vorbehalts hinsichtlich der EMRK an die gesamte Konvention gebunden sind.

4. Völkerrechtssubjekte

Siehe auch *Bernadotte*-Gutachten (1949) 7, *Bestimmte Ausgaben der Vereinten Nationen*-Gutachten (1962) 14, *Haya de la Torre*-Fall (1951) 9, *Kosovo*-Gutachten (2010) 39, *Tadić*-Fall (1995/1997/1999) 97, *Völkermord*-Fall (2007) 37.

Internationaler Gerichtshof

Auswirkungen von Urteilssprüchen-Gutachten (1954)

Auswirkungen von Entschädigungsurteilen des Administrativtribunals der Vereinten Nationen, Rechtsgutachten vom 13. Juli 1954

VEREINTE NATIONEN – „IMPLIED POWERS"

Inhalt: Der IGH bejahte die Frage, ob die UN-Generalversammlung ein Administrativtribunal einrichten kann, das für die Vereinten Nationen verbindliche Urteile fällt. Gerade die Vereinten Nationen müssen aufgrund ihrer Zielsetzungen ihren Mitarbeitern einen entsprechenden Zugang zu gerichtlichen Verfahren in arbeitsrechtlichen Streitigkeiten zugestehen.

> **S. 53:** [D]as [Verwaltungsgericht] wurde nicht als beratendes Organ oder lediglich untergeordnetes Komitee der UN-Generalversammlung geschaffen, sondern als unabhängiges und genuines Rechtsprechungsorgan, das innerhalb seines beschränkten Tätigkeitsbereichs endgültige Urteile ohne Beschwerderecht fällt. Gemäß einem bewährten und allgemein anerkannten Rechtsprinzip ist das Urteil eines solchen Rechtsprechungsorgans *res iudicata* und hat Bindungswirkung zwischen den Streitparteien. [...]
>
> **S. 57:** Es wäre nach Ansicht des Gerichtshofs kaum mit dem ausdrücklich in der UN-Charta genannten Ziel, Freiheit und Gerechtigkeit für Individuen zu fördern, und den ständigen diesbezüglichen Anstrengungen der Vereinten Nationen vereinbar, ihrem Personal keinen justiziellen oder schiedsgerichtlichen Rechtsbehelf zwecks Beilegung jedweder zwischen ihnen möglicherweise auftretenden Streitigkeit zu gewähren.
>
> Unter diesen Umständen meint der Gerichtshof, dass die Befugnis, ein [Verwaltungsgericht] einzurichten, um zwischen der Organisation und ihrem Personal die Gerechtigkeit zu wahren, essentiell für den effizienten Betrieb des Sekretariats und die vorrangig bedeutsame Aufrechterhaltung der höchsten Standards hinsichtlich der Effizienz, Kompetenz und Integrität ist. Die Fähigkeit dafür erwächst aus der klaren Absicht der Charta.

Westsahara-Gutachten (1975)

Westsahara, Rechtsgutachten vom 16. Oktober 1975

SELBSTBESTIMMUNGSRECHT

Inhalt: Das Gebiet der Westsahara stand seit 1884 unter spanischer Herrschaft und wurde von Marokko und Mauretanien beansprucht. Der IGH stellte fest, dass die vorhandenen „historischen

Bindungen" dieser beiden Staaten das Selbstbestimmungsrecht des Volks der Westsahara nicht berührten. Vielmehr sollte das Volk über den weiteren Status des Gebiets entscheiden.

Grenzstreit-Fall (1986)

Grenzstreit (Burkina Faso/Mali), Entscheidung vom 22. Dezember 1986

UTI POSSIDETIS

Inhalt: Der IGH befand, dass das *uti possidetis*-Prinzip (von *uti possidetis, ita possideatis*, „wie ihr besitzt, so sollt ihr besitzen") ein „allgemeiner Grundsatz" des Völkerrechts ist, der auf jede Art der Erlangung von Unabhängigkeit zur Anwendung kommt. Insbesondere betonte er, dass eine Neuziehung der offensichtlich willkürlichen Kolonialgrenzen aus Sorge vor daraus entstehenden Konflikten allgemein (also auch von Seiten der unabhängig gewordenen Staaten) abgelehnt wird.

Andere internationale Tribunale

Tinoco-Fall (1923)

Ansprüche von Aguilar-Amory und der Königlichen Bank von Kanada (Vereinigtes Königreich/Costa Rica), Schiedsspruch vom 18. Oktober 1923

ANERKENNUNG VON REGIERUNGEN

Inhalt: Der zum Einzelschiedsrichter bestellte Oberste Bundesrichter der USA – und zu diesem Zeitpunkt bereits ehemalige US-Präsident – William Howard Taft hielt im *Tinoco*-Fall zwischen dem Vereinigten Königreich und Costa Rica fest, dass sich die Verweigerung der Anerkennung effektiver Regierungen, die auf verfassungswidrigem Wege an die Macht gekommen sind, nicht auf die Regierungseigenschaft auswirkt. Er räumte jedoch ein, dass die fehlende Anerkennung ein Indiz dafür sein kann, dass eine Regierung nicht über die notwendige Unabhängigkeit und effektive Kontrolle verfügt.

5. Die Vereinten Nationen

Siehe auch *Bestimmte Ausgaben der Vereinten Nationen*-Gutachten (1962) 14, *Kadi*-Fall (2008) 60, *Lockerbie*-Fälle (1992) 24.

Internationaler Gerichtshof

Bedingungen für die Aufnahme eines Staats als Mitglied der Vereinten Nationen-Gutachten (1948)

Bedingungen für die Aufnahme eines Staats als Mitglied der Vereinten Nationen, Rechtsgutachten vom 28. Mai 1948

MITGLIEDSCHAFT IN DEN VEREINTEN NATIONEN

Inhalt: Bei der Frage der Aufnahme eines Staats als Mitglied der Vereinten Nationen dürfen politische Erwägungen, etwa hinsichtlich des Regierungssystems eines Staats, nur insofern eine Rolle spielen, als diese sich auf die in Artikel 4(1) UN-Charta genannten Kriterien beziehen. Die gleichzeitige Aufnahme anderer Staaten als Bedingung ist jedenfalls unzulässig.

Kompetenz der Generalversammlung für die Aufnahme eines Staats in die Vereinten Nationen-Gutachten (1950)

Kompetenz der Generalversammlung für die Aufnahme eines Staats in die Vereinten Nationen, Rechtsgutachten vom 3. März 1950

MITGLIEDSCHAFT IN DEN VEREINTEN NATIONEN

Inhalt: Für die Aufnahme eines Staats in die Vereinten Nationen bedarf es einer Empfehlung des UN-Sicherheitsrats mit einem anschließenden positiven Beschluss der UN-Generalversammlung mit Zwei Drittel-Mehrheit. Bei der „Empfehlung" handelt es sich allerdings um eine *sine qua non*-Voraussetzung. Die UN-Generalversammlung kann also nicht ohne Empfehlung des UN-Sicherheitsrats eine Aufnahme beschließen. So würde etwa die Aufnahme des Kosovos oder Palästinas voraussichtlich an einer Empfehlung des UN-Sicherheitsrats scheitern.

 # EuGH

Kadi-Fall (2008)

Yassin Abdullah Kadi und Al Barakaat International Foundation gegen Rat der Europäischen Union und Kommission der Europäischen Gemeinschaften, Entscheidung (Große Kammer) vom 3. September 2008, Verbundene Rechtssachen C-402/05 P und C-415/05 P

ÜBERPRÜFUNG VON BESCHLÜSSEN DES UN-SICHERHEITSRATS

Inhalt: Kadi focht eine EU-Verordnung an, mit der in Umsetzung einer Resolution des UN-Sicherheitsrats Sanktionen gegen ihn erlassen wurden. Insbesondere brachte er vor, dass die Maßnahmen nicht menschenrechtskonform seien. Der EuGH ging dabei so weit, die konkrete europarechtliche Umsetzungsmaßnahme (die EU-Verordnung) auf ihre Konformität mit Menschenrechten zu prüfen, was aufgrund des begrenzten Umsetzungsspielraums, welche die Resolution des Sicherheitsrats ließ, faktisch einer Überprüfung der Resolution selbst gleichkam.

 # EGMR

Nada-Fall (2009)

Nada gegen Schweiz, Entscheidung (Große Kammer) vom 12. September 2009, Antrag Nr. 10593/08

ÜBERPRÜFUNG VON BESCHLÜSSEN DES UN-SICHERHEITSRATS

Inhalt: In Umsetzung einer Resolution des UN-Sicherheitsrats erließ die Schweiz ein Ein- und Durchreiseverbot gegen Nada. Weil Nada in einer von schweizerischem Staatsgebiet umrundeten italienischen Enklave (Campione d'Italia) lebte, bedeutete das praktisch für ihn, dass er dort unter Arrest stand. Vor dem EGMR argumentierte Nada, dass das Ein- und Durchreiseverbot seine Menschenrechte verletzen würde. Der EGMR prüfte nicht die Resolution des UN-Sicherheitsrats selbst, sondern den schweizerischen Umsetzungsakt im Hinblick auf seine Menschenrechtskonformität. Er kam zum Schluss, dass der Schweiz, wenn auch begrenzt, doch genügend Umsetzungsspielraum zur Verfügung stand, um die Situation des Antragstellers innerhalb des Rahmens der Resolution zu verbessern und ihm Mechanismen zur Verfügung zu stellen, die nationale Umsetzungsmaßnahme einer Überprüfung zu unterziehen. Auf dieser Grundlage fand der EGMR, dass die Schweiz Nadas Recht auf Achtung des Privat- und Familienlebens (Artikel 8 EMRK) sowie sein Recht auf wirksame Beschwerde (Artikel 13 EMRK) verletzt hatte.

6. Das Recht der Europäischen Union

Siehe auch *Kadi*-Fall (2008) 60.

 ## EuGH

Van Gend en Loos-Fall (1963)

NV Algemene Transport- en Expeditie Onderneming van Gend & Loos gegen Niederländische Finanzverwaltung, Entscheidung vom 5. Februar 1963, Rechtssache 26/62

EU-Recht als eigenständige Rechtsordnung

Inhalt: Das Europarecht ist eine eigenständige Rechtsordnung gegenüber nationalem Recht und Völkerrecht.

> **S. 25:** Aus alledem ist zu schließen, dass die Gemeinschaft eine neue Rechtsordnung des Völkerrechts darstellt, zu deren Gunsten die Staaten, wenn auch in begrenztem Rahmen, ihre Souveränitätsrechte eingeschränkt haben, eine Rechtsordnung, deren Rechtssubjekte nicht nur die Mitgliedstaaten, sondern auch die Einzelnen sind. Das von der Gesetzgebung der Mitgliedstaaten unabhängige Gemeinschaftsrecht soll daher den Einzelnen, ebenso wie es ihnen Pflichten auferlegt, auch Rechte verleihen. Solche Rechte entstehen nicht nur, wenn der Vertrag dies ausdrücklich bestimmt, sondern auch auf Grund von eindeutigen Verpflichtungen, die der Vertrag den Einzelnen wie auch den Mitgliedstaaten und den Organen der Gemeinschaft auferlegt.

Costa gegen E.N.E.L.-Fall (1964)

Flaminio Costa gegen E.N.E.L., Entscheidung vom 15. Juli 1964, Rechtssache 6/64

Vorrang von EU-Recht

Inhalt: Der EuGH entwickelte in diesem Fall den Grundsatz des Vorrangs des EU-Rechts.

Stauder-Fall (1969)

Erich Stauder gegen Stadt Ulm, Sozialamt, Entscheidung vom 12. November 1969, Rechtssache 29/69

EU-Grundrechte

Inhalt: Es ist Aufgabe des Gerichtshofs, die Wahrung der „in den allgemeinen Grundsätzen der Gemeinschaftsrechtsordnung […] enthaltenen Grundrechte" sicherzustellen.

Internationale Handelsgesellschaft-Fall (1970)

Internationale Handelsgesellschaft mbH gegen Einfuhr- und Vorratsstelle für Getreide und Futtermittel, Entscheidung vom 17. Dezember 1970, Rechtssache 11/70

EU-GRUNDRECHTE

Inhalt: Es ist Aufgabe des Gerichtshofs, die Wahrung der Grundrechte sicherzustellen, die wiederum von den „gemeinsamen Verfassungsüberlieferungen der Mitgliedstaaten" inspiriert sind.

Francovich-Fall (1991)

Andrea Francovich und Danila Bonifaci und Andere gegen Italienische Republik, Entscheidung vom 19. November 1991, Verbundene Rechtssachen C-6/90 und C-9/90

STAATSHAFTUNG

Inhalt: Im Fall der Verletzung des EU-Rechts durch Mitgliedstaaten besteht das Erfordernis einer Staatshaftung.

Åkerberg Fransson-Fall (2013)

Åklagaren gegen Hans Åkerberg Fransson, Entscheidung (Große Kammer) vom 26. Februar 2013, Rechtssache C-617/10

EU-GRUNDRECHTE

Inhalt: Gemäß Artikel 51 der EU-Grundrechtecharta sind EU-Grundrechte für die Mitgliedstaaten verbindlich, wenn diese Unionsrecht durchführen. In der Rechtssache *Åkerberg Fransson* bestätigte der EuGH eine weite Auslegung dieser Formulierung, indem er festhielt, dass EU-Grundrechte immer dann anwendbar sind, wenn das Unionsrecht anwendbar ist.

> **21.** Da folglich die durch die Charta garantierten Grundrechte zu beachten sind, wenn eine nationale Rechtsvorschrift in den Geltungsbereich des Unionsrechts fällt, sind keine Fallgestaltungen denkbar, die vom Unionsrecht erfasst würden, ohne dass diese Grundrechte anwendbar wären. Die Anwendbarkeit des Unionsrechts umfasst die Anwendbarkeit der durch die Charta garantierten Grundrechte.

7. Völkerrecht und Österreich

 ## Nationale Gerichte

Tschechoslowakisches Holz-Fall (1958)

Österreich, OGH, Entscheidung vom 19. November 1958, AZ 27 Cg 407/57

ENTEIGNUNG

Inhalt: Im *Tschechoslowakisches Holz*-Fall begehrte der von der Tschechoslowakei enteignete Kläger die Herausgabe des von seinem vormaligen Grundbesitz auf dem Gebiet der Tschechoslowakei stammenden Holzes oder Zahlung eines Abfindungsbetrags. Der OGH lehnte unter Heranziehung des Territorialitätsprinzips und des Prinzips der Respektierung fremder Hoheitsakte – ähnlich der „act of state" Doktrin – ab, „die verfassungs- und gesetzmäßige Berechtigung der Konfiskationsmaßnahmen zu überprüfen". In späteren Fällen folgte der OGH allerdings der vom VwGH im *Poldi-Hütte*-Fall vertretenen Ansicht.

Poldi-Hütte-Fall (1959)

Österreich, VwGH, Erkenntnis vom 1. Oktober 1959, Z 3192/54, Slg. Nr. 5062 A

ENTEIGNUNG

Inhalt: Die „Poldi-Hütte" war eine Stahlfabrik im böhmischen Kladno, benannt nach der Ehefrau des Unternehmensgründers Leopoldine. Der Verwaltungsgerichtshof hatte dabei deren entschädigungslose Nationalisierung durch die Tschechoslowakei zu untersuchen. Er stellte sich auf den Standpunkt, dass die Enteignung einer tschechoslowakischen Aktiengesellschaft keine Auswirkung auf das sich in Österreich befindliche Vermögen der Gesellschaft entfaltet. Vielmehr fand er, dass „der Grundsatz der Nichtanerkennung entschädigungsloser Konfiskationen ausländischen Privateigentums außerhalb des konfiszierenden Staats ein allgemein anerkannter Grundsatz des Völkerrechtes ist".

8. Immunität

Siehe auch *Deutschland-Italien*-Fall (2012) 43, *Mütter von Srebrenica*-Fälle (2012/2014/2017/2019) 71.

 ## EGMR

Waite und Kennedy-Fall (1999)

Waite und Kennedy gegen Deutschland, Entscheidung vom 18. Februar 1999, Antrag Nr. 26083/94

IMMUNITÄT INTERNATIONALER ORGANISATIONEN – RECHT AUF EIN FAIRES VERFAHREN

Inhalt: Der Fall betraf eine Klage gegen die Europäische Weltraumorganisation in Deutschland aufgrund einer arbeitsrechtlichen Streitigkeit. Da die deutschen Gerichte der Europäischen Weltraumorganisation jedoch Immunität gewährten, reichten die Kläger beim EGMR Beschwerde wegen Verletzung ihres Rechts auf ein faires Verfahren ein. Der EGMR urteilte, dass die Gewährung von Privilegien und Immunitäten im Interesse des Funktionierens Internationaler Organisationen ohne ungebührliche Einmischung einzelner Staaten erfolgt und daher einem legitimen Zweck dient. Bei der Beurteilung der Verhältnismäßigkeit des Eingriffs in Artikel 6 EMRK spielt es gemäß dieser Entscheidung eine wesentliche Rolle, ob den Antragstellern ein angemessener alternativer Rechtsweg zur Verfügung stand. Da der EGMR das Erfordernis im gegenständlichen Fall als erfüllt ansah (ohne dies im Hinblick auf die Antragsteller jedoch im Detail zu prüfen), fand er keine Verletzung von Artikel 6 EMRK.

Beer und Regan-Fall (1999)

Beer und Regan gegen Deutschland, Entscheidung vom 18. Februar 1999, Antrag Nr. 28934/95

IMMUNITÄT INTERNATIONALER ORGANISATIONEN – RECHT AUF EIN FAIRES VERFAHREN

Siehe das Parallelurteil im *Waite und Kennedy*-Fall 65.

Al-Adsani-Fall (2001)

Al-Adsani gegen Vereinigtes Königreich, Entscheidung vom 21. November 2001, Antrag Nr. 35763/97

STAATENIMMUNITÄT – RECHT AUF EIN FAIRES VERFAHREN

Inhalt: Al-Adsani brachte vor, dass das Vereinigte Königreich sein Recht auf Zugang zum Gericht verletzt habe, indem es Kuwait im Verfahren vor britischen Gerichten betreffend Verletzungen des Folterverbots Immunität gewährte. Dem Urteil des EGMR zufolge sind Staaten jedoch nicht dazu verpflichtet, bei Verletzungen von zwingenden, nicht-derogierbaren Normen

– wie etwa dem Folterverbot – die Gewährung von Immunität zu verweigern. Die Gewährung von Staatenimmunität kann daher auch im Fall schwerer Menschenrechtsverletzungen gerechtfertigt sein.

> **66.** Obwohl das Gericht eine wachsende Anerkennung der überragenden Bedeutung des Folterverbots feststellt, kann die These, dass Staaten in Bezug auf Schadenersatzklagen für behauptete Verletzungen des Folterverbots außerhalb des Staats, der das Verfahren durchführt, keine Immunität genießen, noch nicht als völkerrechtlich akzeptiert angesehen werden.

Mütter von Srebrenica-Fall (2013)

Stiftung Mütter von Srebrenica et al. gegen die Niederlande, Entscheidung vom 11. Juni 2013, Antrag Nr. 65542/12

STAATENIMMUNITÄT – IMMUNITÄT INTERNATIONALER ORGANISATIONEN

Inhalt: Die Stiftung „Mütter von Srebrenica" („Stichting Mothers of Srebrenica") reichte vor niederländischen Gerichten Klage gegen die Vereinten Nationen ein, weil diese versäumt hatten, den Personen in den Schutzzonen („safe areas") vor dem Massaker von Srebrenica im Jahr 1995 Schutz zu bieten. Die niederländischen Gerichte räumten den Vereinten Nationen Immunität ein. Daraufhin reichte die Stiftung Beschwerde beim EGMR wegen Verletzung des Rechts auf ein faires Verfahren ein. Gemäß dem EGMR kann die EMRK allerdings nicht dahingehend interpretiert werden, dass Handlungen und Unterlassungen des UN-Sicherheitsrats der nationalen Gerichtsbarkeit unterliegen, ohne dass die Internationale Organisation selbst in das Verfahren eingewilligt hat. Obwohl der EGMR ausdrücklich feststellte, dass im gegenständlichen Fall kein alternativer Rechtsweg zur Verfügung stand, sah er die Gewährung von Immunität unter Bezugnahme auf den IGH im *Deutschland-Italien*-Fall dennoch nicht als Verletzung des Rechts auf ein faires Verfahren an. Der EGMR hielt es daher im Zusammenhang mit der Beurteilung der Verhältnismäßigkeit des Eingriffs in Artikel 6 EMRK nicht mehr für wesentlich, ob den Antragstellern ein angemessener alternativer Rechtsweg zur Verfügung stand. Die Gewährung von Immunität an die Vereinten Nationen durch die niederländischen Gerichte stellte keine Verletzung von Artikel 6 EMRK dar.

Fogarty-Fall (2001)

Fogarty gegen Vereinigtes Königreich, Entscheidung (Große Kammer) vom 21. November 2001, Antrag Nr. 37112/97

STAATENIMMUNITÄT – ARBEITSRECHTLICHE STREITIGKEIT

Inhalt: Der Fall betraf die politisch sensible Frage der Einstellung von Botschaftspersonal durch die USA im Vereinigten Königreich. Der EGMR bekundete einen „Trend" im Völkerrecht zur Ausnahme bestimmter arbeitsrechtlicher Streitigkeiten von der Staatenimmunität. Er beurteilte die Rechtslage zwar als strittig, stellte jedoch fest, dass das Vereinigte Königreich wohl nicht als einziger Staat Staatenimmunität für arbeitsrechtliche Streitigkeiten zwischen Botschaften und deren Personal gewährte. Daher kam der EGMR zum Schluss, dass das Vereinigte Königreich das Recht auf ein faires Verfahren vor einem Gericht durch die Gewährung von Immunität an die Vereinigten Staaten nicht verletzt. In späteren Fällen kam der EGMR hingegen zu einem anderen Ergebnis, siehe insbesondere die folgenden Entscheidungen im *Cudak*-Fall (2010), im *Sabeh El Leil*-Fall (2011) und im *Radunović et al.*-Fall (2016).

McElhinney-Fall (2001)

McElhinney gegen Irland, Entscheidung (Große Kammer) vom 21. November 2001, Antrag Nr. 31253/96

STAATENIMMUNITÄT – DELIKTSAUSNAHME

Inhalt: Hier prüfte der EGMR das Bestehen der Deliktsausnahme (siehe auch Artikel 12 UN-Übereinkommen über Staatenimmunität), nach der ein Staat für solche Handlungen keine Immunität genießen soll, die einen Personen- oder Sachschaden auf dem Hoheitsgebiet des Gerichtsstaats verursacht haben. Er kam dabei zum Ergebnis, dass nach dem derzeitigen Stand des Völkerrechts nicht davon ausgegangen werden kann, die Ausnahme werde allgemein anerkannt. Die Gewährung von Immunität in diesen Fällen fiel daher nicht außerhalb der akzeptierten internationalen Standards und stellt keine unverhältnismäßige Einschränkung von Artikel 6 EMRK dar.

Cudak-Fall (2010)

Cudak gegen Litauen, Entscheidung (Große Kammer) vom 23. März 2010, Antrag Nr. 15869/02

STAATENIMMUNITÄT – ARBEITSRECHTLICHE STREITIGKEIT

Inhalt: Dem Fall lag eine arbeitsrechtliche Streitigkeit zwischen der polnischen Botschaft in Litauen und einer dort angestellten Sekretärin und Telefonistin zugrunde. Die Angestellte besaß weder die polnische Staatsangehörigkeit, noch übte sie hoheitliche Aufgaben für die Botschaft aus. Sie brachte Klage vor den Gerichten Litauens ein, die unter Berufung auf die Staatenimmunität zurückgewiesen wurde. Die Zurückweisung von Klagen dieser Art aufgrund der Staatenimmunität ausländischer Staaten verstößt nach Ansicht des EGMR gegen das in Artikel 6 EMRK gewährte Recht auf ein faires Verfahren. In seiner Begründung berief sich der EGMR auf Artikel 11 des UN-Übereinkommens über Staatenimmunität, das dem EGMR zufolge Gewohnheitsrecht kodifiziert. Da dieses solche Arten arbeitsrechtlicher Streitigkeiten von der Staatenimmunität ausnimmt, stellt die Gewährung derselben einen unverhältnismäßigen Eingriff in Artikel 6 EMRK dar.

Sabeh El Leil-Fall (2011)

Sabeh El Leil gegen Frankreich, Entscheidung (Große Kammer) vom 29. Juni 2011, Antrag Nr. 34869/05

STAATENIMMUNITÄT – ARBEITSRECHTLICHE STREITIGKEIT

Inhalt: Dem Fall lag eine arbeitsrechtliche Streitigkeit zwischen der Botschaft Kuwaits in Frankreich und einem dort angestellten Buchhalter zugrunde. Der Angestellte besaß weder die Staatsangehörigkeit Kuwaits, noch übte er hoheitliche Aufgaben für die Botschaft aus. Er brachte Klage vor den Gerichten Frankreichs ein, die unter Berufung auf die Staatenimmunität zurückgewiesen wurde. Der EGMR folgte derselben Entscheidungslinie wie im *Cudak*-Fall (2010).

Jones et al.-Fall (2014)

Jones et al. gegen Vereinigtes Königreich, Entscheidung vom 14. Jänner 2014, Antrag Nr. 34356/06 und 40528/06

STAATENIMMUNITÄT – *IUS COGENS*

Inhalt: Britische Staatsbürger trugen vor britischen Gerichten vor, in Saudi Arabien gefoltert worden zu sein. Gegen die nationalen Gerichtsentscheidungen, Saudi Arabien in diesen Verfahren Staatenimmunität zu gewähren, legten sie Beschwerde beim EGMR ein. Unter Bezugnahme auf den IGH im *Deutschland-Italien*-Fall stellte der EGMR fest, dass es nach wie vor keine Ausnahme von der Staatenimmunität für *ius cogens*-Verletzungen gibt.

> **196.** Die Beschwerde von Herrn Jones […] ist im Wesentlichen identisch mit dem Sachverhalt, welcher der Beschwerde in *Al-Adsani* zugrunde lag. […] [Die Immunitätsgewährung in *Al-Adsani*] war mit Artikel 6(1) vereinbar, weil es die zu diesem Zeitpunkt allgemein anerkannten Regeln des Völkerrechts zur Staatenimmunität widerspiegelte. Die einzige Frage, die sich für das Gericht daher stellt, ist, ob zwischen dem vorangegangenen Urteil in *Al-Adsani* und der Entscheidung des House of Lords im Jahr 2006 im Fall des Beschwerdeführers eine Entwicklung der akzeptierten internationalen Standards bezüglich des Bestehens einer Ausnahme von der Staatenimmunität bei Folter stattgefunden hat, aus der zu schließen ist, dass die Gewährung von Immunität in solchen Fällen nicht die allgemein anerkannten Regeln des Völkerrechts zur Staatenimmunität widerspiegelt.
>
> **197.** In den letzten Jahren […] haben etliche nationale Gerichte die Frage untersucht, ob es inzwischen eine *ius cogens* Ausnahme zur Staatenimmunität […] gibt. […]
>
> **198.** Es ist jedoch nicht notwendig, dass das Gericht all diese Entwicklungen im Detail untersucht, weil das jüngst ergangene Urteil des Internationalen Gerichtshofs in *Deutschland-Italien* […] – das vom Gericht als maßgeblich in Bezug auf den Inhalt des Völkergewohnheitsrechts angesehen werden muss – klar feststellt, dass sich zum Zeitpunkt Februar 2012 noch keine *ius cogens*-Ausnahme zur Staatenimmunität herauskristallisiert hat. [Die Gewährung von Immunität an Saudi Arabien] kann deshalb nicht als ungerechtfertigte Einschränkung des Rechts des Beschwerdeführers auf Zugang zu einem Gericht angesehen werden. Daraus folgt, dass [das Vereinigte Königreich] Artikel 6(1) nicht verletzt hat.

Radunović et al.-Fall (2016)

Radunović et al. gegen Montenegro, Entscheidung vom 25. Oktober 2016, Anträge Nr. 45197/13, 53000/13 und 73404/13

STAATENIMMUNITÄT – ARBEITSRECHTLICHE STREITIGKEIT

Inhalt: Dem Fall lagen arbeitsrechtliche Streitigkeiten zwischen der US-Botschaft in Montenegro und dort angestelltem Übersetzungs- beziehungsweise Sicherheitspersonal zugrunde. Die Angestellten besaßen weder die US-Staatsangehörigkeit, noch übten sie hoheitliche Aufgaben für die Botschaft aus. Sie brachten Klage vor den Gerichten Montenegros ein, die unter Berufung auf die Staatenimmunität zurückgewiesen wurde. Der EGMR folgte derselben Entscheidungslinie wie im *Cudak*-Fall (2010).

Nationale Gerichte

Hoffmann gegen Dralle-Fall (1950)

Österreich, OGH, Entscheidung vom 10. Mai 1950, 1 Ob 171/50

STAATENIMMUNITÄT – ENTEIGNUNG

Inhalt: Der Fall betraf einen markenrechtlichen Disput im Zusammenhang mit der Enteignung deutscher und österreichischer Betriebe im Jahr 1945 durch die Tschechoslowakei, wobei der Antragsgegner ein tschechoslowakischer Staatsbetrieb war. Der OGH hatte daher zunächst zu prüfen, ob die Tschechoslowakei in diesem Fall der inländischen Gerichtsbarkeit unterlag. Unter anderem unter Bezugnahme auf ausländische Gerichtsentscheidungen sowie Lehrmeinungen wies der österreichische Oberste Gerichtshof die völkergewohnheitsrechtliche Entwicklung vom Grundsatz der absoluten zum Grundsatz der relativen Staatenimmunität nach. Er bejahte daher seine Gerichtsbarkeit auf der Grundlage, dass Staaten nach Völkergewohnheitsrecht nur mehr für *acta iure imperii* Immunität genießen, nicht auch für *acta iure gestionis*. Diese Entscheidung ist einer der wenigen Fälle, in denen sich ein innerstaatliches Gericht eingehend mit Staatenpraxis und *opinio iuris* auseinandersetzte.

Abholen von Botschaftspost-Fall (1961)

Österreich, OGH, Entscheidung vom 10. Februar 1961, 2 Ob 243/60

STAATENIMMUNITÄT

Inhalt: Nachdem ein Botschaftsmitarbeiter auf dem Weg zur Abholung von Botschaftspost einen Verkehrsunfall mit einem Auto der US-Botschaft in Österreich verursacht hatte, verklagte der Halter des beschädigten Fahrzeugs die USA auf Schadenersatz. Es stellte sich daher die Frage, ob der Schaden in Ausübung hoheitlicher oder privatrechtlicher Tätigkeiten verursacht worden war. Der OGH hielt fest, dass es nicht auf den Zweck der Handlung – das Abholen von Botschaftspost – ankommt, sondern auf die Natur – den Betrieb eines Kraftfahrzeugs. Da diese Handlung privatrechtlich ist – sie kann genauso von einer Privatperson getätigt werden –, besteht für die Verursachung eines Verkehrsunfalls beim Abholen von Botschaftspost keine Immunität.

Exekution in Botschaftskonten-Fall (1986)

Österreich, OGH, Entscheidung vom 30. April 1986, 3 Ob 38/86

STAATENIMMUNITÄT – VOLLSTRECKUNGSIMMUNITÄT

Inhalt: Ein Konto, das auch nur teilweise hoheitlichen Zwecken dient, ist bereits vom Zugriff im Exekutionsverfahren ausgeschlossen. Nur in ausschließlich privat genutzte Konten kann Exekution geführt werden.

Westeuropäische Union gegen Siedler-Fall (2009)

Belgien, Cour de Cassation, Entscheidung vom 21. Dezember 2009

IMMUNITÄT INTERNATIONALER ORGANISATIONEN – RECHT AUF EIN FAIRES VERFAHREN

Inhalt: Die Immunität der Westeuropäischen Union (ein 2011 aufgelöstes Bündnis zur kollektiven Selbstverteidigung) wurde aufgehoben, weil die zur Verfügung stehenden alternativen Rechtswege den Anforderungen des Artikel 6 EMRK nicht genügten.

Flughafen Linz-Hörsching-Fall (2003)

Österreich, OGH, Entscheidung vom 28. August 2003, 2 Ob 156/03k

STAATENIMMUNITÄT

Inhalt: In Frage standen nicht beglichene Flughafengebühren für Zwischenlandungen der USA am Flughafen Linz-Hörsching. Die Zwischenlandungen fanden im Rahmen von NATO-Missionen am Balkan statt. Da Gegenstand des Streits der militärische Einsatz der Luftwaffe der USA war, stellte dies für den OGH hoheitliches Handeln dar, für das dementsprechend Immunität zu gewähren war.

Ferrini-Fall (2004)

Italien, Corte Suprema di Cassazione, Entscheidung vom 11. März 2004

STAATENIMMUNITÄT – *IUS COGENS*

Inhalt: Am 4. August 1944 wurde Luigi Ferrini von Italien nach Deutschland deportiert, wo er bis April 1945 Zwangsarbeit leistete. Während die erst- und zweitinstanzlichen italienischen Gerichte seine Schadenersatzklage gegen Deutschland aufgrund von Immunität zurückwiesen, gab der Corte Suprema di Cassazione am 11. März 2004 dem Begehren statt. Obwohl er die Existenz des völkergewohnheitsrechtlichen Grundsatzes der Staatenimmunität ausdrücklich bejahte, lehnte er die Anwendung im konkreten Fall aufgrund der Normenhierarchie ab. Als *ius cogens* stünden die hier betroffenen Normen über dem Recht der Staatenimmunität. Der Corte

Suprema di Cassazione betonte die besondere Schwere der Verletzungen sowie deren Charakter als internationale Verbrechen. Dies führt zur Nichtanwendung der Bestimmungen zur Immunität (siehe im Anschluss daran hingegen den *Deutschland-Italien*-Fall).

Afrikanische Entwicklungsbank gegen Degboe-Fall (2005)

Frankreich, Cour de Cassation, Entscheidung vom 25. Jänner 2005

IMMUNITÄT INTERNATIONALER ORGANISATIONEN

Inhalt: Die Afrikanische Entwicklungsbank kann sich nicht auf ihre Immunität gegenüber einem ehemaligen Angestellten berufen, wenn sie zum relevanten Zeitpunkt noch keine alternativen Streitbeilegungsmechanismen bereitgestellt hat, die auch für den Beschwerdeführer zugänglich waren.

Mütter von Srebrenica-Fälle (2012/2014/2017/2019)

Niederlande, Hoge Raad, Entscheidung vom 13. April 2012/Rechtbank Den Haag, Entscheidung vom 14. Juli 2014/Gerechtshof Den Haag, Entscheidung vom 27. Juni 2017/Hoge Raad, Entscheidung vom 19. Juli 2019

STAATENIMMUNITÄT – IMMUNITÄT INTERNATIONALER ORGANISATIONEN – STAATENVERANTWORTLICHKEIT – ZURECHNUNG – EFFEKTIVE KONTROLLE

Inhalt: In den Niederlanden verklagte die Stiftung „Mütter von Srebrenica" („Stichting Mothers of Srebrenica") im gleichnamigen Fall die Vereinten Nationen sowie die Niederlande vor niederländischen Gerichten aufgrund deren Versäumnis, Personen in den Schutzzonen („safe areas") vor dem Massaker von Srebrenica im Jahr 1995 zu schützen. Der Hoge Raad der Niederlanden (Oberster Gerichtshof der Niederlande) entschied am 13. April 2012, dass die niederländischen Gerichte keine Gerichtsbarkeit über die Vereinten Nationen ausüben können. Diese genießt die weitreichendste Immunität und kann daher vor kein nationales Gericht in Vertragsstaaten des Übereinkommens über die Privilegien und Immunitäten der Vereinten Nationen geladen werden (siehe auch den gleichnamigen Fall vor dem EGMR). Das Verfahren wurde daher ohne die Vereinten Nationen fortgesetzt.

Im Verfahren gegen die Niederlande urteilte das erstinstanzliche Gericht Rechtbank Den Haag („Bezirksgericht Den Haag") am 14. Juli 2014, dass die Menschenrechtsverletzungen den Niederlanden zuzurechnen sind, weil diese im Sinne von Artikel 7 ARIO wirksame Kontrolle über die in Frage stehenden Handlungen ausgeübt hatten. Am 27. Juni 2017 befand in zweiter Instanz der Gerechtshof Den Haag, dass dies lediglich für einen kleinen Teil der Handlungen gilt (nämlich jene nach dem Rückzug der niederländischen Truppen aus dem UN-Peacekeeping Einsatz), und sprach entsprechend nur eine Teilverantwortlichkeit der Niederlande aus. Konkret ging es um 350 Männer, die auf dem durch die niederländischen Soldaten errichteten Stützpunkt Schutz gesucht hatten. Diesen hätte die Niederlande die Möglichkeit geben müssen, dort zu bleiben. Laut dem Berufungsgericht hätten sie damit eventuell überlebt (es quantifizierte die Überlebenschance mit 30%, weswegen die Niederlande nach Ansicht des zweitinstanzlichen Gerichts für 30% der Verluste der Angehörigen verantwortlich sind). Gegen diese Entscheidung wurde Berufung beim Hoge Raad der Niederlanden (niederländisches Höchstgericht) eingelegt, der am 19. Juli 2019 die Verantwortlichkeit der Niederlande auf 10% reduzierte.

Iranische Botschaft-Fall (1963)

Deutschland, Bundesverfassungsgericht, Entscheidung vom 30. April 1963, 2 BvM 1/62

STAATENIMMUNITÄT

Inhalt: Der Fall betraf nicht beglichene Kosten von Reparaturarbeiten, die durch ein Privatunternehmen an der Heizungsanlage der Iranischen Botschaft in Deutschland vorgenommen worden waren. Das Bundesverfassungsgericht stellte zunächst unter ausdrücklicher Bezugnahme auf den *Hoffmann gegen Dralle*-Fall fest, dass nach Völkergewohnheitsrecht *acta iure gestionis* nicht mehr von der inländischen Gerichtsbarkeit ausgenommen sind. Bezüglich der Unterscheidung zwischen *acta iure imperii* und *acta iure gestionis* urteilte das Gericht, dass es auf die Natur der Handlung ankommt, weil letzten Endes jegliche staatliche Tätigkeit hoheitlichen Zwecken dient und somit bei Abstellen auf den Zweck von Immunität umfasst wäre. Darüber hinaus ist das Abstellen auf die Natur der Handlung aus rein praktischen Gründen zu bevorzugen. Wäre der Zweck ausschlaggebend, könnte die Beschränkung der Immunität auf hoheitliches Handeln sehr einfach umgangen werden, indem ein Staat argumentiert, dass Gewinne aus einer an sich privatwirtschaftlichen Tätigkeit hoheitlichen Zwecken zugeführt werden.

> **153.** Die Unterscheidung zwischen hoheitlicher und nicht-hoheitlicher Staatstätigkeit kann nicht nach dem Zweck der staatlichen Betätigung und danach vorgenommen werden, ob diese Betätigung in erkennbarem Zusammenhang mit hoheitlichen Aufgaben des Staates steht. Denn letztlich wird die Tätigkeit des Staates, wenn nicht insgesamt, so doch zum weitaus größten Teil hoheitlichen Zwecken und Aufgaben dienen und mit ihnen in einem immer noch erkennbaren Zusammenhang stehen. Ebensowenig kann es darauf ankommen, ob der Staat sich gewerblich betätigt hat. Gewerbliche Tätigkeit des Staats unterscheidet sich nicht ihrem Wesen nach von sonstiger nicht-hoheitlicher Staatstätigkeit.
>
> **154.** Maßgebend für die Unterscheidung zwischen Akten *iure imperii* und *iure gestionis* kann vielmehr nur die Natur der staatlichen Handlung oder des entstandenen Rechtsverhältnisses sein, nicht aber Motiv oder Zweck der Staatstätigkeit. Es kommt also darauf an, ob der ausländische Staat in Ausübung der ihm zustehenden Hoheitsgewalt, also öffentlich-rechtlich, oder wie eine Privatperson, also privatrechtlich, tätig geworden ist.

9. Der diplomatische Verkehr

Siehe auch *Asyl*-Fall (1950) 9, *Avena*-Fall (2004) 73, *Haftbefehl*-Fall (2002) 31, *Haya de la Torre*-Fall (1951) 9, *LaGrand*-Fall (2001) 29, *Nicaragua*-Fall (1984/1986) 22, *Pinochet* (1999) 74, *Teheraner Geisel*-Fall (1980) 20.

Internationaler Gerichtshof

Avena-Fall (2004)

Avena und andere mexikanische Staatsangehörige (Mexiko/USA), Entscheidung vom 31. März 2004

WKK – Staatenverantwortlichkeit – Wiedergutmachung – Garantien der Nichtwiederholung

---

Inhalt: Es ging um 52 mexikanische Staatsangehörige, die (wie schon im *LaGrand*-Fall) nicht über ihre Rechte gemäß Artikel 36 WKK informiert worden waren. Der IGH gelangte zum Schluss, dass die USA auch hier die WKK verletzt hatten. Wiedergutmachung verlangte nach Ansicht des IGH jedoch keine Aufhebung der bestehenden Urteile, sondern lediglich eine nochmalige Überprüfung („review and reconsideration") des Verfahrens, konkret von 49 der insgesamt 52 betroffenen mexikanischen Staatsbürger. Mit einer solchen Überprüfung sollte festgestellt werden, ob die betroffenen mexikanischen Staatsangehörigen durch die fehlende Aufklärung über ihre Rechte benachteiligt wurden. Die vom IGH geforderte Überprüfung wurde allerdings von den USA nicht durchgeführt. Zwar verabschiedete der damalige US-Präsident George W. Bush Ende Februar 2005 ein entsprechendes Memorandum. Allerdings bestätigte der US Supreme Court 2008 im Fall *Medellín gegen Texas* die Ansicht des texanischen Court of Criminal Appeals (das texanische Berufungsgericht in Strafsachen), das sich an dieses Memorandum nicht gebunden erachtete. Die von Mexiko geforderten zusätzlichen Garantien der Nichtwiederholung wurden vom IGH allerdings für nicht notwendig befunden. Insbesondere führte der Gerichtshof die beachtlichen und gutgläubigen Anstrengungen der USA an (etwa Informationskampagnen und -broschüren), WKK-konformes Verhalten der Strafverfolgungsbehörden zu gewährleisten.

Nationale Gerichte

Tabatabai-Fall (1984)

Deutschland, Bundesgerichtshof, Entscheidung vom 27. Februar 1984, 3 StR 396/83

Immunität von Spezialmissionen

Inhalt: Im Tabatabai-Fall des deutschen Bundesgerichtshofs in Strafsachen wurde der iranische Staatsbürger und Universitätsprofessor Sadegh Tabatabai wegen Besitzes von Suchtgift (genauer gesagt 1,65 kg Rohopium) am Flughafen Düsseldorf festgenommen. Daraufhin erklärte ihn der iranische Außenminister in einem Schreiben im Nachhinein zu einem „Botschafter in besonderer Mission", was das deutsche Erstgericht nicht davon abhielt, die Immunität als fingiert abzulehnen und Sadegh Tabatabai zu verurteilen. Dieses Urteil wurde allerdings vom deutschen Bundesgerichtshof aufgehoben. Die Begründung war, dass lediglich die Vereinbarung einer konkreten Aufgabe als Zweck für den Aufenthalt zwischen Entsende- und Empfangsstaat notwendig ist, was bejaht wurde. Das Erfordernis der Zustimmung wurde daher mit der Feststellung einer konkreten Aufgabe ersetzt (siehe aber auch den *Khurts Bat*-Fall).

> **Tabatabei und der *Teheraner Geisel*-Fall**
> Abseits dieser skurrilen Episode war Sadegh Tabatabai politisch auf höchster Ebene aktiv und hatte Ayatollah Khomeini aus seinem Exil in Paris in den Iran begleitet. Während der Geiselkrise in Teheran unterhielt er Gespräche mit der westdeutschen Regierung und den USA, um eine mögliche Lösung herbeizuführen.

Pinochet-Fall (1999)

Vereinigtes Königreich, House of Lords, Entscheidung vom 24. März 1999

IMMUNITÄT HÖCHSTER STAATSORGANE – FOLTERVERBOT

Inhalt: In diesem Verfahren vor englischen Gerichten ging es unter anderem um die Frage der Immunität hinsichtlich der Verletzung des Folterverbots. 1998 wurde in England aufgrund eines spanischen Auslieferungsersuchens ein Haftbefehl gegen den ehemaligen chilenischen Diktator Augusto Pinochet erlassen. Da Chile bereits zur Amtszeit Pinochets Vertragspartei der UN-Folterkonvention war, die explizit die Folter durch Staatsorgane verbietet, wurde festgestellt, dass Folter niemals eine von dieser Funktion umfasste Amtshandlung hätte sein können. Eine nach Ende der Amtszeit fortwirkende funktionelle Immunität Pinochets für solche Handlungen wurde dementsprechend abgelehnt. Pinochet wurde allerdings aufgrund seines Gesundheitszustandes die Rückkehr nach Chile gestattet.

Khurts Bat-Fall (2011)

Vereinigtes Königreich, High Court, Entscheidung vom 29. Juli 2011

IMMUNITÄT VON SPEZIALMISSIONEN

Inhalt: Das englische Gericht lehnte die Eigenschaft des mongolischen Geheimdienstmitarbeiters Bat Khurts als Vertreter einer Spezialmission ab, weil keine – völkergewohnheitsrechtlich erforderliche – vorherige Zustimmung des Empfangsstaats vorlag. Damit stellt das Gericht strengere Anforderungen an das Vorliegen einer Spezialmission als dies noch in *Tabatabei* der Fall war.

Griechische Banken-Fälle (2014-2016)

Österreich, OGH, Entscheidung vom 20. Mai 2014, 4 Ob 227/13f/Österreich, OGH, Entscheidung vom 30. Juli 2015, 8 Ob 67/15h/Österreich, OGH, Entscheidung vom 31. August 2015, 6 Ob 122/15g/Österreich, OGH, Entscheidung vom 25. November 2015, 8 Ob 125/15p/Österreich, OGH, Entscheidung vom 27. Jänner 2016, 4 Ob 163/15x

Staatenimmunität – Zentralbanken

Inhalt: In der Einordnung der Tätigkeit von Zentralbanken als *acta iure imperii* oder *acta iure gestionis* unterscheidet der OGH zwischen Wertpapiergeschäften als privatrechtliche Verträge und allgemeinen währungspolitischen Handlungen. In den *Griechische Banken*-Fällen der Jahre 2014 bis 2016 bestätigte der OGH, dass auch Anleihen als Wertpapiergeschäfte *acta iure gestionis* darstellen.

Schweizer Nationalbank-Fall (2016)

Österreich, OGH, Entscheidung vom 17. August 2016, 8 Ob 68/16g

Staatenimmunität – Zentralbanken

Inhalt: Die Schweizer Nationalbank hatte als währungspolitische Maßnahme einen Mindestkurs von 1,2 Schweizer Franken zum Euro eingeführt und dies 2015 trotz bis dahin gegenteiliger öffentlicher Aussagen überraschend aufgehoben. Der OGH entschied, dass die Informationspolitik der schweizerischen Nationalbank als Mittel zur Beeinflussung des Wechselkurses der eigenen Währung einen hoheitlichen Akt darstellt. Zwar könnte ein Privater ebenso Handlungen setzen, die einen Währungskurs indirekt beeinflussen, doch könnte er keine gezielten währungspolitischen Maßnahmen ergreifen.

10. Friedliche Streitbeilegung

Siehe auch *Avena*-Fall (2004) 73, *Bewaffnete Handlungen*-Fall (2005) 35, *Deutschland-Italien*-Fall (2012) 43, *Gabčíkovo-Nagymaros*-Fall (1997) 27, *Korfu-Kanal*-Fall (1949) 6, *LaGrand*-Fall (2001) 29, *Nicaragua*-Fall (1984/1986) 22, *Nuklearwaffen*-Gutachten (1996) 25, *Völkermord*-Fall (2007) 37.

Internationaler Gerichtshof

Monetary Gold-Fall (1954)

Aus Rom entwendetes Währungsgold (Italien/Frankreich, Vereinigtes Königreich und USA), Entscheidung vom 15. Juni 1954

ZUSTÄNDIGKEIT IGH – RECHTE UND PFLICHTEN DRITTER

Inhalt: Der IGH trifft keine Entscheidung, wenn er dabei über die Rechte und Pflichten einer Partei urteilen muss, die sich seiner Gerichtsbarkeit nicht unterworfen hat.

Andere internationale Tribunale

Alabama Claims-Fall (1872)

Alabama Ansprüche der Vereinigten Staaten von Amerika gegen das Vereinigte Königreich (USA/Vereinigtes Königreich), Schiedsspruch vom 14. September 1872

FRIEDLICHE STREITBEILEGUNG ALS PRINZIP – NEUTRALITÄT

Inhalt: Der Fall betraf Angriffe der Südstaaten mit im Vereinigten Königreich hergestellten Schiffen auf Handelsschiffe der Nordstaaten während des Amerikanischen Bürgerkriegs. Das auf Basis eines bilateralen Vertrags eingerichtete Schiedsgericht befand, dass das Vereinigte Königreich die Neutralität der USA verletzt hatte und den USA daher Schadensersatz zusteht. Der Fall steht symbolisch für die Bemühungen, internationale Konflikte auf friedlichem Weg beizulegen. Er bezieht seinen Namen nicht vom US-Bundesstaat, sondern von einem der aktivsten Schiffe der Südstaaten während des Amerikanischen Bürgerkriegs, der Alabama.

> **Kanada als Schadenersatz**
> Vertreter der USA hatten zunächst die Zession Kanadas, das zu dem Zeitpunkt noch Teil des Britischen Empires war, an die USA als Schadenersatz vorgeschlagen. Man einigte sich letztlich auf die Einrichtung eines Schiedsgerichts, das den USA 15,5 Millionen Dollar zusprach.

Nationale Gerichte

Medellín gegen Texas-Fall (2008)

USA, Supreme Court, Entscheidung vom 24. März 2008

UMSETZUNG VON IGH-ENTSCHEIDUNGEN

Inhalt: Im *Avena*-Fall hatte der IGH aufgrund einer Verletzung von Artikel 36 WKK durch die USA die Überprüfung der Verfahren von 49 der insgesamt 52 betroffenen mexikanischen Staatsbürger angeordnet. Zur Umsetzung des Urteils verabschiedete der damalige US-Präsident George W. Bush Ende Februar 2005 zwar ein entsprechendes Memorandum. Allerdings bestätigte der US Supreme Court 2008 im Fall *Medellín gegen Texas* die Ansicht des texanischen Court of Criminal Appeals (das texanische Berufungsgericht in Strafsachen), das sich an dieses Memorandum nicht gebunden erachtete. Die Todesstrafe wurde daher am 5. August 2008 ohne neuerliche Überprüfung des Verfahrens von José Medellín vollzogen.

11. Völkerrecht und Gewaltanwendung

Siehe *Bewaffnete Handlungen*-Fall (2005) 35, *Caroline*-Zwischenfall (1837) 3, *Kadi*-Fall (2008) 60, *Mauerbau*-Gutachten (2004) 33, *Nicaragua*-Fall (1984/1986) 22, *Nuklearwaffen*-Gutachten (1996) 25, *Tadić*-Fall (1995/1997/1999) 97.

12. Humanitäres Völkerrecht

Siehe auch *Nicaragua*-Fall (1984/1986) 22, *Nuklearwaffen*-Gutachten (1996) 25, *Tadić*-Fall (1995/1997/1999) 97, *Völkermord*-Fall (2007) 37.

 ## Nationale Gerichte

Ex parte Quirin-Fall (1942)

USA, Supreme Court, Entscheidung vom 31. Juli 1942

„UNLAWFUL COMBATANTS"

Inhalt: Im Fall ging es um acht deutsche Soldaten, die während des Zweiten Weltkriegs einen Sabotageakt in den USA ausführen sollten. Der US-amerikanische Supreme Court hielt unter anderem fest, dass sie „unlawful combatants" sind und damit keinen Anspruch auf den Status als Kriegsgefangene haben, weil sie versteckt und ohne Uniform gehandelt hatten. Diese Kategorie existiert im humanitären Völkerrecht an und für sich nicht.

Hamdan gegen Rumsfeld-Fall (2006)

USA, Supreme Court, Entscheidung vom 29. Juni 2006

„UNLAWFUL COMBATANTS"– GENFER KONVENTIONEN

Inhalt: Der US-amerikanische Supreme Court entschied, dass die Militärkommissionen in Guantanamo „gegen die Genfer Konventionen verstoßen" hatten. Wie der Supreme Court weiter ausführte, genießen auch „unlawful combatants" den Schutz des gemeinsamen Artikels 3 der Genfer Konventionen. Der internationale Kampf gegen den Terrorismus („war on terror") wurde demgemäß als nicht-internationaler bewaffneter Konflikt eingestuft.

13. Sonderregime

Siehe *Korfu-Kanal*-Fall (1949) 6, *Nordseefestlandsockel*-Fälle (1969) 15.

14. Internationales Wirtschaftsrecht

 ## WTO-Streitbeilegung

Thunfisch-Delphin-Fälle (1991-1994)

Einschränkungen beim Import von Thunfisch (Mexiko/USA), Bericht des Panels vom 3. September 1991/*Einschränkungen beim Import von Thunfisch* (EU/USA), Bericht des Panels vom 16. Juni 1994

GATT – Umweltschutzausnahmen

Inhalt: Das US-Importverbot für Thunfischprodukte, die nicht auf einer „delphinfreundlichen" Fangmethode basieren, wurde für unzulässig erklärt. Hintergrund war die Sorge vor Protektionismus im Namen der Umwelt. Im Falle eines Konflikts zwischen Freihandel und Umwelt sollte ersterem der Vorzug gegeben werden. Auch wenn diese Entscheidungen nicht verbindlich wurden (weil im Rahmen des damaligen GATT-Streitbeilegungssystems Konsens notwendig war, der hier nicht erreicht wurde), führten sie zu heftiger Kritik.

Japan-Alkoholische Getränke II-Fall (1996)

Steuern auf alkoholische Getränke (EG, Kanada und USA/Japan), Bericht des ständigen Berufungsorgans vom 25. September 1996

GATT – Diskriminierung – Gleichartigkeit

Inhalt: Hintergrund des Falls war, dass Japan auf sein Nationalgetränk Shōchū (ein Branntwein, der zwischen 25 und 43 % Alkohol enthält) eine niedrigere Steuer einhob als auf Wodka, Gin, Cognac oder Whisky. Dem Appellate Body der WTO zufolge sind Shōchū und Wodka gleichartige Produkte, während Gin oder Whisky mit Shōchū (nur) in einer direkten Konkurrenzsituation stehen beziehungsweise diesen ersetzen können. Dieser Unterschied ist für das Ausmaß der erlaubten Diskriminierung bedeutsam. Zunächst ist zwischen erstem und zweitem Satz des Artikel III(2) GATT zu unterscheiden. Der erste Satz bezieht sich auf gleichartige („like") Waren, der zweite auf „unmittelbar mit inländischen Waren in einem Wettbewerb stehende ausländische Waren oder solche, die inländische ersetzen können". Bei gleichartigen Waren ist keine wie auch immer geartete steuerliche Ungleichbehandlung zulässig. Bei solchen, die unter den zweiten Satz von Artikel III(2) fallen, ist eine geringfügige Ungleichbehandlung möglich (man spricht von „*de minimis*"). Die im ersten Satz genannte Kategorie ist somit enger. Im konkreten Fall war daher keine Ungleichbehandlung erlaubt, Japan hatte Artikel III(2) GATT verletzt.

> **Das „Gleichartigkeit"-Akkordeon**
>
> Im GATT ist 16 Mal von „gleichartigen" („like") Waren die Rede. Allerdings variiert die genaue Definition zwischen den einzelnen Bestimmungen. Im *Japan-Alkoholische Getränke II*-Fall verglich der Appellate Body das Konzept der Gleichartigkeit daher mit einem Akkordeon, das, je nach Umständen und wo man sich im WTO-Recht befindet,

auseinandergezogen oder zusammengepresst werden muss (so ist Gleichartigkeit im Sinne von Artikel III(2) enger zu verstehen als in Artikel III(4)).

Garnelen-Schildkröten-Fall (2001)

Importverbot gewisser Garnelen und Garnelenprodukte (Mexiko/USA), Bericht des ständigen Berufungsorgans vom 2. Oktober 2001

GATT – Umweltschutzausnahmen

Inhalt: Die USA verlangten als Voraussetzung für den Import von Garnelen, dass Fischerboote mit einer eigenen Vorrichtung ausgestattet sein müssen, um Schildkröten das Entkommen aus den Fangnetzen zu ermöglichen (ein sogenanntes „turtle excluder device", kurz TED). Dieses Importverbot für Garnelen, die nicht mit „schildkrötenfreundlichen" Fangmethoden gefischt wurden, wurde als grundsätzlich erlaubte Maßnahme angesehen. Insbesondere wurden Schildkröten trotz ihrer Fähigkeit zur Reproduktion als „erschöpfbare Umweltressource" im Sinne der Ausnahmen des Artikel XX GATT qualifiziert. Allerdings wurde die Anwendung der Maßnahme als diskriminierend angesehen. So unterstützten die USA lediglich ihre karibischen Handelspartner, nicht aber die vier asiatischen Beschwerdeführer beim Einsatz beziehungsweise der Installierung der notwendigen Vorrichtungen. Die USA reagierten entsprechend, und 2001 wurde im Rahmen einer neuerlichen Beschwerde bestätigt, dass diese Diskriminierung nicht mehr gegeben war.

> **Die praktische Relevanz von Artikel XX GATT**
> Es handelt sich um den bislang einzigen Fall, in dem die WTO eine Berufung auf eine Ausnahme nach Artikel XX GATT akzeptierte.

Robbenerzeugnisse-Fall (2014)

Import- und Vermarktungsverbot von Robbenerzeugnissen (Kanada/EG), Bericht des ständigen Berufungsorgans vom 29. April 2014

GATT – öffentliche Moral

Inhalt: Es wurde bestätigt, dass die EU die Einfuhr und Vermarktung von Robbenerzeugnissen auf Grundlage des Schutzes der öffentlichen Moral grundsätzlich verbieten darf. Allerdings nahm die EU Erzeugnisse aus Robben aus, die von Inuit oder anderen indigenen Völkern auf traditionelle Art und Weise erlegt wurden. Dabei stellte die WTO einen Verstoß gegen die Einleitungsklausel von Artikel XX GATT fest: Erstens, weil diese Ausnahmeregelung in einer Weise formuliert war, dass auch Produkte von nicht-traditionell erlegten Robben auf den europäischen Markt gelangen konnten. Zweitens hielt die WTO fest, dass die Unterscheidung zwischen kommerzieller und traditioneller Jagd dem Ziel des Schutzes von Robben widerspricht. Drittens wurden Inuit aus Grönland gegenüber kanadischen Inuit bevorzugt.

 **EuGH**

Achmea-Fall (2018)

Slowakische Republik gegen Achmea BV, Entscheidung vom 6. März 2018, Rechtssache C-284/16

INVESTITIONSSCHUTZRECHT – **EU-R**ECHT

Inhalt: Die „volle Wirksamkeit" des EU-Rechts wird durch die Auslegung und Anwendung durch Schiedsgerichte nicht gewährleistet, zumal es hier keine Einbindung des EuGH im Wege des Vorabentscheidungsverfahrens beziehungsweise keine Berufungsmöglichkeit gibt. Entsprechende Schiedsklauseln in BITs zwischen EU-Mitgliedstaaten (im gegenständlichen Fall das BIT zwischen der Slowakei und den Niederlanden) sind daher unionsrechswidrig, weil sie die Autonomie des EU-Rechts gefährden.

> **33.** Nach ebenfalls ständiger Rechtsprechung des Gerichtshofs wird die Autonomie des Unionsrechts gegenüber sowohl dem Recht der Mitgliedstaaten als auch dem Völkerrecht durch die wesentlichen Merkmale der Union und ihres Rechts gerechtfertigt, die die Verfassungsstruktur der Union sowie das Wesen dieses Rechts selbst betreffen. Das Unionsrecht ist nämlich dadurch gekennzeichnet, dass es einer autonomen Quelle, den Verträgen, entspringt und Vorrang vor dem Recht der Mitgliedstaaten hat, sowie durch die unmittelbare Wirkung einer ganzen Reihe für ihre Staatsangehörigen und für sie selbst geltender Bestimmungen. Solche Merkmale haben zu einem strukturierten Netz von miteinander verflochtenen Grundsätzen, Regeln und Rechtsbeziehungen geführt, das die Union selbst und ihre Mitgliedstaaten wechselseitig sowie die Mitgliedstaaten untereinander bindet. [...]
>
> **41.** Das Unionsrecht ist jedoch angesichts seines Wesens und seiner Merkmale, auf die oben in Rn. 33 Bezug genommen worden ist, sowohl als Teil des in jedem Mitgliedstaat geltenden Rechts als auch als einem internationalen Abkommen zwischen den Mitgliedstaaten entsprungen anzusehen.
>
> **42.** Folglich hat unter diesen beiden Aspekten das in Art. 8 des BIT vorgesehene Schiedsgericht gegebenenfalls das Unionsrecht und insbesondere die Bestimmungen über die Grundfreiheiten, darunter die Niederlassungsfreiheit und die Kapitalverkehrsfreiheit, auszulegen oder sogar anzuwenden. [...]
>
> **56.** Folglich ist unter Berücksichtigung aller in Art. 8 des BIT vorgesehenen und oben in den Rn. 39 bis 55 erörterten Merkmale des Schiedsgerichts festzustellen, dass mit dem Abschluss des BIT die an ihm beteiligten Mitgliedstaaten einen Mechanismus zur Beilegung von Streitigkeiten zwischen einem Investor und einem Mitgliedstaat geschaffen haben, der ausschließen kann, dass über diese Streitigkeiten, obwohl sie die Auslegung oder Anwendung des Unionsrechts betreffen könnten, in einer Weise entschieden wird, die die volle Wirksamkeit des Unionsrechts gewährleistet.

Andere internationale Tribunale

Texaco gegen Libyen-Fall (1977)

Texaco Overseas Petroleum Co. gegen Libyen, Schiedsspruch vom 19. Jänner 1977

ANGEMESSENE ENTSCHÄDIGUNG

Inhalt: Nach Resolution 1803 (XVII) der UN-Generalversammlung aus 1962 zur vollen und ständigen Souveränität jedes Staats über seine natürlichen Ressourcen ist im Falle von Enteignungen angemessene Entschädigung „in Übereinstimmung mit den geltenden Regeln des enteignenden Staats […] sowie dem Völkerrecht" zu leisten. Im Fall *Texaco gegen Libyen* hielt der Einzelschiedsrichter fest, dass es sich dabei um Völkergewohnheitsrecht handelt.

15. Internationales Umweltrecht

Siehe auch *Gabčikovo-Nagymaros*-Fall (1997) 27, *Korfu-Kanal*-Fall (1949) 6, *Nuklearwaffen*-Gutachten (1996) 25.

Ständiger Internationaler Gerichtshof

Oderkommission-Fall (1929)

Territoriale Zuständigkeit der Internationalen Oderkommission (Vereinigtes Königreich/ Polen), Entscheidung vom 10. September 1929

FAIRE UND ANGEMESSENE BENÜTZUNG – SCHIFFFAHRT

Inhalt: Der Ständige Internationale Gerichtshof betonte das gemeinsame und gleichrangige rechtliche Interesse aller Flussstaaten an der Schifffahrt.

Internationaler Gerichtshof

Pulp Mills-Fall (2010)

Zellstoffwerke am Uruguay Fluss (Argentinien/Uruguay), Entscheidung vom 20. April 2010

FAIRE UND ANGEMESSENE BENÜTZUNG – PFLICHT ZUR UMWELTVERTRÄGLICHKEITSPRÜFUNG
– VORSORGEPRINZIP

Inhalt: Argentinien warf Uruguay vor, durch die einseitige Genehmigung eines Zellstoffwerks („pulp mill") am Río Uruguay (Uruguay-Fluss) ohne vorangegangene Benachrichtigung und Verhandlungen den mit Argentinien geschlossenen Vertrag über die Flussnutzung verletzt zu haben. Der IGH bestätigte im Fall eine Reihe von umweltrechtlichen Prinzipien. So ist jeder Staat dazu verpflichtet, keine den Rechten anderer Staaten zuwiderlaufende Handlungen auf seinem Gebiet wissentlich zuzulassen. Zugleich kann das Vorsorgeprinzip unter Umständen bei der Interpretation eines Vertrags relevant sein. Das Prinzip der fairen und angemessenen Benützung von grenzüberschreitenden Flüssen verlangt zudem eine Abwägung zwischen den wirtschaftlichen Interessen der Flussstaaten und den dadurch möglicherweise hervorgerufenen Umweltschäden. In den letzten Jahren hat die Vornahme einer verpflichtenden Umweltverträglichkeitsprüfung nach Ansicht des IGH einen so hohen Akzeptanzgrad erreicht, dass man von einer völkergewohnheitsrechtlichen Verpflichtung sprechen kann. Dies gilt vor allem dann, wenn eine gemeinschaftlich genutzte Umweltressource betroffen ist. Zudem stellt das Unterlassen einer Umweltverträglichkeitsprüfung einen Verstoß gegen die gebotene „due diligence" (Sorgfaltspflicht) und die daraus folgende Pflicht zur Wachsamkeit und Vorsorge dar.

175. Der Gerichtshof ist der Auffassung, dass das Erreichen einer optimalen und vernünftigen Nutzung ein Gleichgewicht zwischen den Rechten und Bedürfnissen der Parteien, den Fluss für wirtschaftliche Zwecke zu nutzen auf der einen, und die Verpflichtung, diesen vor daraus eventuell erwachsenden Umweltschäden zu schützen, auf der anderen Seite, verlangt [...].

177. [...] eine derartige Nutzung kann nicht als billig und vernünftig betrachtet werden, wenn die Interessen der anderen Flussstaaten an der gemeinsamen Ressource und der Schutz selbiger nicht in Betracht gezogen wurden.

Andere internationale Tribunale

Trail Smelter-Fall (1941)

Trail Schmelzwerk (USA/Kanada), Schiedsspruch vom 11. März 1940

„NO HARM RULE" – VORSORGEPRINZIP

Inhalt: Hintergrund war die von einem in Kanada betriebenen Schmelzwerk („smelter") ausgehende Luftverschmutzung in den USA. Dabei wurde der Grundstein der Regel formuliert, dass kein Staat das Recht hat, sein Gebiet in einer Weise zu benützen beziehungsweise eine Form der Benützung zuzulassen, die signifikanten Schaden auf dem Gebiet eines anderen Staats oder für dort befindliche Grundstücke und Personen verursacht (die „no harm rule").

Lac Lanoux-Fall (1957)

Lac Lanoux (Spanien/Frankreich), Schiedsspruch vom 16. November 1957

FAIRE UND ANGEMESSENE BENÜTZUNG – VERHANDLUNGSPRINZIP

Inhalt: Im *Lac Lanoux*-Fall zwischen Spanien und Frankreich betonte ein Schiedsgericht, dass Staaten vor der Durchführung von die gemeinsame Nutzung von Umweltressourcen betreffenden Maßnahmen mit den potenziell dadurch betroffenen Staaten in Verhandlungen zu treten haben. Das bezieht sich sowohl auf Umweltschäden als auch auf sonstige nachteilige Folgen für die übrigen Staaten, wie etwa eine Verringerung der Wassermenge.

Rhein-Fall (2004)

Rhein-Chlorid Schiedsgerichtsverfahren betreffend Bilanzprüfung (Niederlande/Frankreich), Schiedsspruch vom 12. März 2004

VERURSACHERPRINZIP

Inhalt: Ein im Rahmen des Ständigen Schiedshofs eingerichtetes Schiedsgericht verneinte die Verbindlichkeit des Verursacherprinzips.

16. Internationaler Menschenrechtsschutz

Siehe auch *Auslieferung*-Fall (2012) 45, *Haftbefehl*-Fall (2002) 31, *Kadi*-Fall (2008) 60, *Kosovo*-Gutachten (2010) 39, *Loizidou gegen Türkei* (1996) 92, *Mauerbau*-Gutachten (2004) 33, *Nada*-Fall (2012) 60, *Pinochet* (1999) 74, *Tyrer gegen Vereinigtes Königreich* (1978) 92.

Internationaler Gerichtshof

Osttimor-Fall (1995)

Osttimor (Portugal/Australien), Entscheidung vom 30. Juni 1995

SELBSTBESTIMMUNGSRECHT – *ERGA OMNES*-VERPFLICHTUNGEN

Inhalt: Der IGH hielt fest, dass es sich beim Selbstbestimmungsrecht um ein *erga omnes*-Recht handelt. Er bezeichnete es als „eines der wesentlichen [„essential"] Prinzipien des gegenwärtigen Völkerrechts", was unter anderem von der ILC als implizite Anerkennung eines *ius cogens*-Status verstanden wird.

Inter-Amerikanischer Gerichtshof für Menschenrechte

Aloeboetoe et al. gegen Suriname-Fall (1993)

Aloeboetoe et al. gegen Suriname, Entscheidung vom 10. September 1993

VERTRAGSRECHT – *IUS COGENS SUPERVENIENS*

Inhalt: Sofern eine *ius cogens*-Norm nach Vertragsabschluss entsteht und diesem entgegensteht, wird der ursprüngliche Vertrag nichtig und erlischt *ex nunc*. Die aus dem Vertrag entstandenen Rechte und Pflichten sowie die Rechtslage an sich dürfen nur aufrechterhalten werden, sofern diese nicht der entsprechenden *ius cogens*-Norm widersprechen.

> **57.** Der Gerichtshof erachtet es nicht als notwendig zu untersuchen, ob es sich bei dieser Übereinkunft um einen völkerrechtlichen Vertrag handelt oder nicht. Selbst wenn dies nämlich der Fall wäre, würde dieser heute als null und nichtig betrachtet werden, weil er den Regeln hinsichtlich *ius cogens superveniens* widerspricht. Tatsächlich verpflichten sich die Saramakas [eine aus ehemals entflohenen Sklaven entstandene indigene Gruppe in Suriname] in diesem Vertrag unter anderem dazu, entflohene Sklaven, die desertiert sind, gefangen zu nehmen und dem Gouverneur von Suriname zurückzubringen, der ihnen zwischen 10 und 50 Florint pro Sklaven bezahlen soll, je nach Distanz des Ortes, an dem die Sklaven gestellt wurden. Eine weitere Bestimmung erlaubt den Saramakas andere Häftlinge, die sie gefangengenommen haben, als Sklaven zu verkaufen. Kein Vertrag eines solchen Charakters kann als Entscheidungsbasis vor einem internationalen Menschenrechtstribunal dienen.

 **EGMR**

Zypern gegen Türkei-Fall I (1976)

Zypern gegen Türkei, Entscheidung der Europäischen Menschenrechtskommission vom 10. Juli 1976, Anträge Nr. 6780/74 und 6950/75

VERHÄLTNIS HUMANITÄRES VÖLKERRECHT UND MENSCHENRECHTE

Inhalt: Im Falle von einander widersprechenden Bestimmungen des humanitären Völkerrechts auf der einen Seite und des Menschenrechtsschutzes auf der anderen Seite ist zu klären, welchem Rechtsbereich beziehungsweise welcher Rechtsregel der Vorzug zu geben ist. Hier hatte die Türkei 2400 griechische Zyprer als Kriegsgefangene genommen, weswegen die Kommission den Fall nicht im Hinblick auf Artikel 5 EMRK (das Recht auf Freiheit und Sicherheit), sondern (wenn auch nicht ausdrücklich) hinsichtlich der Einhaltung der Regeln der dritten und vierten Genfer Konvention untersuchte.

Tyrer-Fall (1978)

Tyrer gegen Vereinigtes Königreich, Entscheidung vom 25. April 1978, Antrag Nr. 5856/72

VERTRAGSINTERPRETATION – EMRK

Inhalt: Der EGMR versteht die EMRK als „living instrument" (lebendes Gebilde), das evolutiv ausgelegt werden muss, was eine Anwendung der teleologischen Interpretation darstellt. Im konkreten Fall qualifizierte er die körperliche Züchtigung eines Schülers mit einer Birkenrute als mit Artikel 3 EMRK unvereinbare erniedrigende Behandlung.

Loizidou-Fall (1996)

Loizidou gegen Türkei, Entscheidung vom 18. Dezember 1996, Antrag Nr. 15318/89

EXTRATERRITORIALE ANWENDBARKEIT DER EMRK

Inhalt: Der Fall *Loizidou gegen Türkei* ist der erste Fall, in dem sich der EGMR mit der Frage der extraterritorialen Anwendbarkeit von Menschenrechten befasste. Der Beschwerdeführerin wurde seit der Besetzung des nördlichen Teils Zyperns durch türkische Streitkräfte Zugang zu ihrem Haus verwehrt, wodurch ihre Eigentumsrechte nach Artikel 1 des 1. Zusatzprotokolls zur EMRK eingeschränkt wurden. Der EGMR stellte fest, dass ein Staat Menschenrechtsverpflichtungen gegenüber Personen hat, die sich in einem von diesem Staat tatsächlich kontrollierten Gebiet befinden. Nach Ansicht des EGMR übt die Türkei durch ihre militärische Präsenz und ihren Einfluss auf die „Türkische Republik Nordzypern" umfassende Kontrolle über das Gebiet aus. Folglich stehen alle Personen in diesem Gebiet unter türkischer Hoheitsgewalt. Aus diesem Grund befand der EGMR die EMRK für anwendbar, was die Türkei verpflichtete, die Rechte der Personen in Nordzypern zu gewährleisten.

62. In diesem Zusammenhang weist der Gerichtshof darauf hin, dass Artikel 1 [EMRK] zwar die Reichweite des Übereinkommens einschränkt, der Begriff der „Hoheitsgewalt" in Artikel 1 jedoch nicht auf das Hoheitsgebiet der Hohen Vertragsparteien beschränkt ist. […] Unter Berücksichtigung von Ziel und Zweck der Konvention, kann die Verantwortlichkeit eines Staats auch dann eintreten, wenn er als Folge einer militärischen Aktion – ob rechtmäßig oder unrechtmäßig – tatsächlich die Kontrolle über ein Gebiet außerhalb des Staatsgebiets ausübt. Die Verpflichtung der Staaten, auch in solchen Bereichen die Konventionsrechte und -freiheiten zu garantieren, folgt aus dem Umstand, dass sie dort tatsächlich die Kontrolle ausüben; sei es direkt durch die staatlichen Streitkräfte oder mittelbar durch eine untergeordnete Verwaltung.

Zypern gegen Türkei-Fall II (2001)

Zypern gegen Türkei, Entscheidung vom 10. Mai 2001, Antrag Nr. 25781/94

EXTRATERRITORIALE ANWENDBARKEIT DER EMRK

Inhalt: Zypern brachte Klage gegen die Türkeit vor dem EGMR ein aufgrund der *de facto* Teilung Zyperns nach dem türkischen Einmarsch 1974. Der EGMR stellte fest, dass die relevanten Teile Nordzyperns unter türkische Hoheitsgewalt fielen und die Türkei für die Verletzung von Menschenrechten verantwortlich war.

Pretty-Fall (2002)

Pretty gegen Vereinigtes Königreich, Entscheidung vom 29. April 2002, Antrag Nr. 2346/02

RECHT AUF LEBEN – STERBEHILFE

Inhalt: Aus Artikel 2 EMRK lässt sich kein Recht auf Sterbehilfe ableiten. So starb die an amyotropher Lateralsklerose (ALS) leidende Klägerin letztlich ohne Unterstützung ihres Mannes, weil dieser ansonsten strafrechtlich verfolgt worden wäre.

Vo-Fall (2004)

Vo gegen Frankreich, Entscheidung vom 8. Juli 2004, Antrag Nr. 53924/00

RECHT AUF LEBEN – EMBRYOS (IN VIVO) UND FÖTEN

Inhalt: Der EGMR wandte Artikel 2 EMRK nicht auf Embryos (in vivo) und Föten an. Staaten haben bei der Festlegung des Beginns menschlichen Lebens einen weiten Ermessensspielraum.

Renolde-Fall (2008)

Renolde gegen Frankreich, Entscheidung vom 16. Oktober 2008, Antrag Nr. 5608/05

RECHT AUF LEBEN – SELBSTMORD

Inhalt: Der EGMR fand eine Verletzung des Rechts auf Leben aufgrund des Versagens, trotz offensichtlicher Anzeichen den Selbstmord eines Gefangenen zu verhindern.

Maiorano et al.-Fall (2009)

Maiorano et al. gegen Italien, Entscheidung vom 15. Dezember 2009, Antrag Nr. 28634/06

RECHT AUF LEBEN – SCHUTZPFLICHT

Inhalt: Im Rahmen des Rechts auf Leben haben Staaten nicht nur selbst willkürliche Tötungen zu unterlassen, sondern aufgrund der „obligation to protect" auch lebensbedrohliche Angriffe durch Privatpersonen unter Strafe zu stellen und gerichtlich zu verfolgen. Der Fall betraf einen zweifachen Mörder und Vergewaltiger, der während seines Freigangs zwei Frauen tötete. Nach Ansicht des EGMR war das gefährliche Verhalten des Täters den Behörden ebenso bekannt wie seine außerhalb der Haftanstalt erfolgte Wiederaufnahme krimineller Kontakte, die ihn auch bei den Morden unterstützten. Der EGMR kam zum Schluss, dass Italien seine positiven Verpflichtungen aus dem Recht auf Leben verletzt hatte, weil es dem Täter den Freigang nicht entzogen hatte.

Opuz-Fall (2009)

Opuz gegen Türkei, Entscheidung vom 9. Juni 2009, Antrag Nr. 33401/02

RECHT AUF LEBEN – SCHUTZPFLICHT

Inhalt: In *Opuz gegen Türkei* sah der EGMR 2009 eine Verletzung des Rechts auf Leben darin begründet, dass die türkischen Behörden eine Frau nicht vor der häuslichen Gewalt ihres Ehemanns schützten, was letztlich ihren Tod zur Folge hatte.

Pfeifenberger-Fall (2011)

Pfeifenberger gegen Österreich, Entscheidung vom 4. Oktober 2011, Antrag Nr. 6379/08

RECHT AUF EIN FAIRES VERFAHREN – VERFAHRENSDAUER

Inhalt: Der EGMR fand im Fall eine Verletzung von Artikel 6 EMRK wegen überlanger Verfahrensdauer. Konkret hatte ein Antrag auf Ausscheidung eines landwirtschaftlichen Anwesens aus einer Agrargenossenschaft im Alpinraum über 20 Jahre in Anspruch genommen.

Nationale Gerichte

Ahmed et al. gegen HM Treasury-Fall (2010)

Vereinigtes Königreich, Supreme Court, Entscheidung vom 27. Januar 2010

RECHT AUF EIN FAIRES VERFAHREN – „TARGETED SANCTIONS"

Inhalt: Individuen, gegen die im Rahmen von Resolution 1267 (1999) des UN-Sicherheitsrats „targeted sanctions" (auch „smart sanctions") aufgrund Verbindung zu Al-Kaida verhängt werden, haben keine dem Standard eines fairen Verfahrens entsprechende Möglichkeit, das Einfrieren ihrer Konten und das Verhängen von Reiseverboten zu verhindern beziehungsweise nachträglich zu bekämpfen.

17. Völkerstrafrecht

Siehe auch *Völkermord*-Fall (2007) 37.

 ## Internationaler Strafgerichtshof

Bemba-Fall (2018)

Ankläger gegen Jean-Pierre Bemba Gombo, Entscheidung der Berufungsabteilung vom 8. Juni 2018

AUFHEBUNG VON URTEILEN – BEWEISMITTEL

Inhalt: Als Anführer der Bewegung für die Befreiung des Kongo (Mouvement de Libération Congolais, kurz MLC) in der Demokratischen Republik Kongo wurde Jean-Pierre Bemba die Verantwortung für Verbrechen gegen die Menschlichkeit, unter anderem Vergewaltigungen, Mord und Plünderungen, seitens der MLC im Zeitraum 2002–2003 vorgeworfen. Nachdem Bemba 2016 in erster Instanz verurteilt worden war, wurde dieses Urteil 2018 von der Berufungsabteilung aufgrund von Verfahrensfehlern aufgehoben. Rechtskräftig blieb eine Verurteilung zu einem Jahr Haft wegen Zeugenbestechung in diesem Prozess, worauf ihm allerdings die bereits verbüßte Haftzeit im Rahmen des Verfahrens hinsichtlich Verbrechen gegen die Menschlichkeit angerechnet wurde. Das Verfahren ist auch dahingehend bemerkenswert, als NGO-Berichte als Beweismittel zugelassen wurden.

 ## ICTY

Tadić-Fall (1995/1997/1999)

Ankläger gegen Dusko Tadić, Entscheidung der Berufungsabteilung vom 2. Oktober 1995/Entscheidung vom 7. Mai 1997/Entscheidung der Berufungsabteilung vom 15. Juli 1999

BEFUGNISSE DES UN-SICHERHEITSRATS – DEFINITION BEWAFFNETER KONFLIKTE – KONTROLLE

Inhalt: Zunächst musste sich das ICTY damit auseinandersetzen, ob der UN-Sicherheitsrat nicht außerhalb seiner Befugnisse (*ultra vires*) gehandelt hatte, indem er *ad hoc*-Tribunale schuf. Schließlich hatte der UN-Sicherheitsrat damit ein Organ der Rechtsprechung geschaffen, obwohl er selbst kein solches darstellt. Diese Frage wurde unter Verweis auf die weiten Befugnisse in Artikel 41 UN-Charta verneint.

> **Kompetenz-Kompetenz-Kompetenz**
> Es ist bemerkenswert, dass hier ein subsidiäres Organ über die Rechtmäßigkeit seiner eigenen Schaffung entschied, sich also eigenständig die dahingehende Kompetenz-Kompetenz zuschrieb.

In der Sache fand das ICTY, dass Kriegsverbrechen nicht nur in internationalen bewaffneten Konflikten, sondern auch in nicht-internationalen Konflikten begangen werden können und daher auch in diesem Zusammenhang strafbar sind. Es hielt fest, dass „was unmenschlich und daher in internationalen Konflikten verboten ist, auch in Bürgerkriegen nur als unmenschlich und unzulässig gelten kann". Bei der Beurteilung, ob es sich im gegenständlichen Fall um einen internationalen oder nicht-internationalen Konflikt handelte, hatte das ICTY zu entscheiden, ob das völkerrechtswidrige Verhalten bosnisch-serbischer Truppen der Bundesrepublik Jugoslawien zugerechnet werden kann. Es kam dabei zum Schluss, dass bei paramilitärischen Gruppen ein weniger strenger Maßstab angelegt werden muss als bei der Zurechnung von Einzelpersonen zu einem Staat. Genauso wie der IGH im *Nicaragua*-Fall, hielt die Berufungskammer in Tadić die Ausrüstung und Finanzierung nicht-staatlicher Gruppen alleine nicht für zurechnungsbegründend. Der ausschlaggebende Maßstab in Tadić war jedoch der allgemeine Kontrolle-Test („overall control"). Im Unterschied zum „wirksame Kontrolle"-Test (siehe *Nicaragua*-Fall) ist es laut der Berufungskammer für eine Zurechnung nach Artikel 8 ASR nicht erforderlich, dass die nicht-staatlichen Akteure spezifische Aufträge erhalten und der genaue Ablauf der Einsätze vom Staat kontrolliert wird. Vielmehr reicht es aus, wenn der Staat – über finanzielle oder logistische Unterstützung hinaus – an der allgemeinen Planung, Organisation und Koordination der Operationen beteiligt ist, ohne allerdings jede Einzelaktion zu kontrollieren (siehe auch den folgenden *Völkermord*-Fall des IGH).

 # ICTR

Akayesu-Fall (1998)

Ankläger gegen Akayesu, Entscheidung vom 2. September 1998

VÖLKERMORD

Inhalt: Im *Akayesu*-Fall wurde die Definition des Völkermords nach der Völkermordkonvention erstmals von einem internationalen Gerichtshof interpretiert sowie Vergewaltigung als Tathandlung akzeptiert.

Kambanda-Fall (1998)

Ankläger gegen Kambanda, Entscheidung vom 4. September 1998

VÖLKERMORD

Inhalt: Im *Kambanda*-Fall wurde erstmals ein ehemaliger Regierungschef (Jean Kambanda) wegen Völkermords verurteilt.

18. Völkerrechtliche Verantwortlichkeit

Siehe auch *Auslieferung*-Fall (2012) 45, *Avena*-Fall (2004) 73, *Barcelona Traction*-Fall 17, *Bernadotte*-Gutachten (1949) 7, *Chorzów*-Fall (1927/1928) 4, *Deutschland-Italien*-Fall (2012) 43, *Diallo*-Fall 38, *Gabčíkovo-Nagymaros*-Fall (1997) 27, *Haftbefehl*-Fall (2002) 31, *Korfu-Kanal*-Fall (1949) 6, *LaGrand*-Fall (2001) 29, *Mauerbau*-Gutachten (2004) 33, *Mütter von Srebrenica*-Fälle (2012/2014/2017/2019) 71, *Nicaragua*-Fall (1984/1986) 22, *Nottebohm*-Fall (1955) 12, *Rainbow Warrior*-Fall (1990) 46, *Tadić*-Fall (1995/1997/1999) 97, *Teheraner Geisel*-Fall (1980) 20, *Tempel von Preah Vihear-Fall* (1962) 13, *Völkermord*-Fall (2007) 37.

 **EGMR**

Behrami und Behrami-Fall (2007)

Behrami und Behrami gegen Frankreich, Entscheidung (Große Kammer) vom 2. Mai 2007, Antrag Nr. 71412/01

Zurechnung – Letztkontrolle

Inhalt: Im *Behrami und Behrami*-Fall lagen dem EGMR zwei Sachverhalte vor: In *Behrami und Behrami gegen Frankreich* ging es um den Tod beziehungsweise die schwere Verletzung zweier Kinder durch nicht-detonierte Streubomben, die während des NATO Einsatzes im Jahr 1999 im Kosovo abgeworfen wurden. In *Saramati gegen Frankreich, Deutschland und Norwegen* hingegen war die Inhaftierung von Ruzhdi Saramati Gegenstand des Disputs. Die Beschwerdeführer brachten vor, dass die internationale Präsenz im Kosovo (UNMIK und KFOR) ihre Verpflichtungen zur Minenräumung nicht ordnungsgemäß wahrgenommen sowie die Inhaftierung zu Unrecht durchgeführt hätte und dadurch Menschenrechtsverletzungen beging. Die zentrale Frage des Falls war, wem die entsprechenden Handlungen zugerechnet werden: den zur internationalen Präsenz beitragenden Staaten oder den Vereinten Nationen? In Anwendung von Artikel 7 ARIO kam der EGMR zum Ergebnis, dass die Letztkontrolle („ultimate authority and control") über diese Kontingente beim UN-Sicherheitsrat lag und die Handlungen damit den Vereinten Nationen zuzurechnen waren. Dementsprechend erklärte sich der EGMR für unzuständig. Dieser Test der „Letztkontrolle" wurde vielfach stark kritisiert. Ankommen solle es vielmehr – ähnlich dem Test nach Artikel 8 ASR – auf eine wirksame Kontrolle der einzelnen Einsätze, während derer die rechtsverletzenden Handlungen stattgefunden haben.

Saramati-Fall (2007)

Saramati gegen Frankreich, Deutschland und Norwegen, Entscheidung der Großen Kammer vom 2. Mai 2007, Antrag Nr. 78166/01

Zurechnung – Letztkontrolle

Siehe den Parallelfall *Behrami und Behrami gegen Frankreich*.

Al-Jedda-Fall (2011)

Al-Jedda gegen Vereinigtes Königreich, Entscheidung vom 7. Juli 2011, Antrag Nr. 27021/08

ZURECHNUNG

Inhalt: Al-Jedda betraf die unrechtmäßige Inhaftierung einer Person im Rahmen der nach der Invasion des Irak im Jahr 2003 etablierten Multi-National Force („MNF"), bestehend aus den USA, dem Vereinigten Königreich und ihren Koalitionspartnern. Der UN-Sicherheitsrat autorisierte die MNF, alle notwendigen Maßnahmen zu ergreifen, um die Sicherheit und Stabilität im Irak aufrechtzuerhalten. Die Frage, die der EGMR zu beantworten hatte, war, wem die unrechtmäßige Inhaftierung zuzurechnen war. Der EGMR kam vor dem Hintergrund der Kritik am *Behrami und Behrami*-Fall zum Schluss, dass die Autorisierung selbst sowie die Berichtspflichten der MNF an den UN-Sicherheitsrat nicht zur Zurechnung zu den Vereinten Nationen führten. Vielmehr stellte er fest, dass die wirksame Kontrolle bei den beitragenden Staaten – im konkreten Fall dem Vereinigten Königreich – lag und die Handlungen daher dem Vereinigten Königreich zurechenbar waren.

Stichwortverzeichnis